Les Maisons de la sagesse-Traduire

Une nouvelle aventure

Collection « Grand Ouvert »
Dirigée par Gilberte Tsaï

Grand ouvert dit-on pour parler d'un lieu où l'on peut entrer sans frapper ou d'un lieu qu'on aère. Mais grands ouverts le sont aussi les yeux qui lisent et qui voient. L'idée, en rassemblant des livres sous ce titre, est de configurer l'espace le plus libre, le plus vaste, celui qui s'ouvre, justement, quand on sort des sentiers battus et qu'on cherche des angles inédits.
Essais, récits, utopies concrètes, rêveries qui s'incarnent, écarts qui se rendent visibles : constituer avec eux un catalogue des voies de sortie, et cela au moment même où tout semble converger en direction d'un avenir prescrit et uniforme.

Barbara Cassin
de l'Académie française
Daniėle Wozny

Les Maisons de la sagesse-Traduire

Une nouvelle aventure

bayard

Composition et mise en pages : Nord Compo
Suivi éditorial : Blandine Renard

ISBN : 978-2-2274-9907-2

18, rue Barbès, 92128 Montrouge Cedex

Remerciements

Nous remercions très chaleureusement :

Souleymane Bachir Diagne,

Fary Silate Ka et Adjaratou Oumar Sall,

Abdoulaye Sow,

Rima de Sahb,

Gagny Sissoko, Yazid Hamiche,

Aurore Lescot, Zélie Malaret, Bélise Stypack, Zheng Yongchen, Liu Yushan, étudiantes à l'ISIT,

Francine Kaufmann et Benoît Vermander dont nous avons inséré des propos ou des interventions dans le présent ouvrage.

Nous remercions tous les traducteurs et passeurs avec lesquels nous avons travaillé. Pour l'arabe : Lise Alchami et Khatan Alharbat ; pour le persan : Amir Mohsen Zandi et Elya Habibi Far ; pour le russe : Ernest Adjiaripov et Ekatarina Alcock ; pour le soninké : la Commission Langue et Recherche de l'Association pour la promotion de la langue et de la culture soninké avec Seïdina-Ousmane Boubacar Diagana, Abdoulaye Bocar Diagana, Ladji Tirera, Abdou Karim Ndiaye, Yamadou Fofana, Aberrahmane Korera.

PRÉSENTATION

SAVOIR FAIRE AVEC LES DIFFÉRENCES : ENTRE ET AVEC

« Nous partîmes cinq cents mais par un prompt renfort
Nous nous vîmes trois mille en arrivant au port. »

Corneille, *Le Cid*

Les Maisons de la sagesse n'ont ni portes ni fenêtres. Elles sont un réseau de lieux et d'actions où circulent les langues, les cultures, les savoirs, les pratiques, les générations. Elles prennent pour modèle les *Bayt al-hikma*, Maisons de la sagesse d'un monde musulman grand ouvert qui manifeste la force, l'intelligence et le pouvoir de l'accueil. Dans les Maisons de la sagesse, entre le IXe et le XIVe siècle, de Bagdad à Samarcande, du Caire à Grenade, de Damas à Balkh, de Tabriz à Fez, se croisent et travaillent ensemble des savants de toutes les origines et de toutes les religions. Une immense entreprise de traduction regroupe en un même lieu, autour d'une bibliothèque riche de textes venus de tous les coins du monde, non seulement un centre de copie, d'étude, de débats et de formation, mais aussi, souvent, un hôpital, un observatoire, des espaces de recherche et d'expérimentation dans tous les domaines, des mathématiques et de l'astronomie à la musique, de la chimie à la pharmacopée et à la médecine.

Pourquoi les évoquer, les invoquer ? Quelle est l'urgence aujourd'hui et comment une Maison de la sagesse-Traduire peut-elle servir à y répondre ?

Le monde est à la fois global, uniformisé selon une temporalité ultrarapide, et atomisé en communautés-cellules définies par des antagonismes locaux. Les dégâts humains, c'est-à-dire aussi politiques, sont considérables sur tous les plans. Le plus insoutenable, ou l'un des plus insoutenables, est le sort fait aux migrants, à ceux qui arrivent chez nous ici et maintenant. Le diagnostic que Hannah Arendt portait sur le XXe siècle avait le mérite de la clarté : « Manifestement, personne ne veut savoir que l'histoire contemporaine a engendré un nouveau type d'êtres humains — ceux qui ont été envoyés dans les camps de concentration par leurs ennemis et dans les camps d'internement par leurs amis[1]. »

Édouard Glissant, relayé par Patrick Chamoiseau, parle d'« inacceptable » :

---

1. H. Arendt, « Nous autres réfugiés », dans *Écrits juifs*, Fayard, 2011, p. 422.

Quand un inacceptable surgissait quelque part, Édouard Glissant m'appelait pour me dire : « On ne peut pas laisser passer cela ! » Il appuyait sur le « on ne peut pas ». C'était pour moi toujours étrange. Nous ne disposions d'aucun pouvoir. Nous n'étions reliés à aucune puissance. Nous n'avions que la ferveur de nos indignations. C'est pourtant sur cette fragilité, pour le moins tremblante, qu'il fondait son droit et son devoir d'intervention… Face à la situation faite aux migrants sur toutes les rives du monde, j'ai imaginé qu'Édouard Glissant m'avait appelé[1].

Les Maisons de la sagesse-Traduire sont une tentative de réponse à cet inacceptable, une tentative minuscule mais expansive, et d'autant plus contagieuse qu'elle rejoint un grand nombre d'autres tentatives de la société civile, parfois isolées ou erratiques, et parfois adossées à la puissance publique, et qu'elle invente en lien avec elles.

La clé de cette réponse rejoint la pratique qui fut au cœur des Maisons de la sagesse : la traduction. D'où leur nom : Maisons de la sagesse-Traduire. La traduction est par excellence un savoir-faire avec les différences, un moyen de comprendre qu'on ne comprend pas, et donc de commencer à comprendre ce qu'on ne comprend pas.

---

1. P. Chamoiseau, *Frères migrants*, Seuil, 2017, 4e de couverture.

Postulons que comprendre est le meilleur moyen de ne pas laisser gagner la peur.

Mais pourquoi continuer à parler de sagesse ? Cette « sagesse » n'est ni quête spirituelle, ni développement personnel. La sagesse des Maisons de la sagesse est la sagesse des passages et des transmissions. L'hospitalité est, comme toujours, réciproque, entre des « hôtes » qui accueillent et des « hôtes » qui sont accueillis. Maisons de la sagesse-Traduire pour souligner que le premier exercice du savoir, du nôtre aussi, c'est de traduire, de séjourner *entre.* Savoir-faire avec les différences, n'est-ce pas cela même dont nous avons besoin, y compris politiquement, et à présent plus que jamais ?

On pourrait l'exprimer en novlangue, propre à obtenir des subventions : les Maisons de la sagesse-Traduire sont un espace interdisciplinaire et multiculturel de dialogues et d'interactions propres à renforcer la cohésion sociale en valorisant de nouvelles pratiques de citoyenneté. Et, de manière légèrement plus originale : elles créent des outils d'appropriation et de partage de la culture au quotidien, elles expérimentent avec un public agissant des modalités peu prévisibles de partage et d'invention scientifiques, culturelles et artistiques.

Les Maisons de la sagesse-Traduire s'investissent ici et maintenant dans trois dispositifs emboîtés de mixités disciplinaire, sociale et générationnelle, qui déploient trois temporalités. Un dispositif est, comme l'écrit Foucault, « un ensemble résolument hétérogène, comportant des discours, des institutions, des aménagements architecturaux, des décisions règlementaires, des lois, des mesures administratives, des énoncés scientifiques, des propositions philosophiques, morales, philanthropiques, bref, du dit aussi bien que du non-dit [...]. Le dispositif lui-même, c'est le réseau que l'on peut établir entre ces éléments[1]. » Un « processus en déséquilibre », dit Gilles Deleuze.

Le premier temps est celui de l'accueil et de l'hospitalité. Il se concrétise par la confection de glossaires bilingues de l'administration française. Ils sont à l'usage de ceux qui arrivent bien sûr, mais aussi à l'usage de ceux qui accueillent, car les plus évidentes des questions, nom-prénom-date de naissance, sont grosses d'une culture et d'une histoire dont l'universalité ne va justement pas de soi. Ces difficultés logées entre les mots sont ce que nous nous efforçons d'expliciter.

Le deuxième temps est celui de la cohésion sociale et de l'intégration économique. Nous travaillons à mettre

1. « Le jeu de Michel Foucault », cité par J. Revel, *Le Vocabulaire de Foucault*, Paris, Ellipses, 2009, p. 40-41.

en place des banques culturelles, autour d'un triptyque — objet, récit d'objet, microcrédit — qui oblige à repenser la notion de valeur, et fait bouger l'idée de banque en même temps que l'idée de musée. En lien avec les banques culturelles d'Afrique, Maisons de la sagesse-Traduire crée le Réseau international des banques culturelles solidaires.

Un troisième temps est celui, plus rêveur, de la recherche au long cours. Il se focalise sur la confection d'un *Dictionnaire des intraduisibles des trois monothéismes.* Il est lié à un diagnostic : l'un des points de blocage les plus violents est le rapport au religieux. Un bon moyen de compliquer l'universel pour parer aux fondamentalismes est de travailler ensemble les textes sacrés à partir des langues dans lesquelles ils sont écrits.

Ces trois dispositifs ont ceci de commun que les mettre en œuvre est déjà une manière de faire bouger la société en s'appuyant, comme dans la traduction, sur les différences et les difficultés pour ouvrir un passage. Ils s'adaptent, s'inventent continûment, reviennent vers le passé pour s'éclairer à toutes les lumières possibles, se réajustent quand il y a eu erreur, se tournent vers des formes de créations artistiques pour dire ce que les mots ne disent pas assez bien. Ils émanent de la société civile dans sa diversité. Scientifiques de toutes disciplines, artistes, jeunes et vieux, responsables locaux et citoyens élaborent ensemble des projets dont l'ambition est d'être immédiatement utiles dans la vie de tous les jours : recherche participative pour une recherche-action, comme on dit. Peut-être les *Bayt al-hikma* relevaient-elles également plutôt du dispositif que de l'institution.

L'association Maisons de la sagesse-Traduire

L'association sans but lucratif « Maisons de la sagesse-Traduire », créée en juillet 2017 et régie par la loi de 1901, poursuit une mission d'intérêt général consistant à :

- créer et animer des Maisons de la sagesse-Traduire articulées autour de la traduction comme savoir-faire avec les différences.
- susciter un réseau de Maisons de la sagesse-Traduire en France et dans le monde.

Elle est hébergée à la MSH Paris-Nord et à la Maison des associations du Campus Condorcet.
www.maisonsdelasagessetraduire.eu

Précisons qu'au départ nous sommes quatre, avec des compétences différentes, si compétences il y a : une philosophe, une spécialiste du patrimoine, une administratrice qui connaît les grandes institutions et que n'effraie pas la littérature grise, un trésorier-écrivain. Tous attentifs aux langues et aux mots, tous refusant de tolérer l'intolérable et capables d'œuvrer avec les moyens du bord. Bref, une petite association loi 1901, où chaque action engagée démultiplie le nombre des acteurs[1]. Nous nous méfions des spécialistes, y compris de nous-mêmes comme spécialistes. En prise sur « la chancelante équivocité du monde[2] », nous préférons mettre « la main à la pâte », essais et erreurs, et nous acceptons d'être angoissés entre lenteur et urgence.

1. Fin 2020, nous sommes une cinquantaine d'adhérents, dont un bon nombre est activement engagé.

2. C'est une expression de Hannah Arendt dans son *Journal de pensée* lorsqu'elle parle de « la pluralité des langues » : « Cette équivocité chancelante du monde et l'insécurité de l'homme qui l'habite n'existeraient naturellement pas s'il n'était pas possible d'apprendre les langues étrangères… D'où l'absurdité de la langue universelle — qui va à l'encontre de la "condition humaine", l'uniformisation artificielle et toute-puissante de l'équivocité », novembre 1950, Seuil, 2005, t. I, p. 57.

PREMIÈRE PARTIE

MAISONS DE LA SAGESSE, LE RETOUR !

1. De l'utopie à la résilience

« Je veux que ma maison ne soit pas murée de toutes parts, ni mes fenêtres bouchées, mais qu'y circule librement la brise que m'apportent les cultures de tous les pays. »

Gandhi

Un historique fantasmé

L'histoire des Maisons de la sagesse dans les pays d'islam est encore en train de se faire : nombreuses sont les zones d'ombre sur leur organisation, leur fonctionnement et leurs usages politiques. C'est un enjeu toujours actuel. Ce que nous en savons nous a donné envie d'explorer, à notre façon, les possibles ouverts par la traduction qui fut la clé de voûte de toutes les institutions scientifiques, qu'elles soient *Bayt al-hikma*,

Dâr al-hikma, « Maison de la sagesse », ou *Dâr al'ulum*, « Maison des sciences ».

Maisons de la sagesse-Traduire se place donc sous l'égide des *Bayt al-hikma*, ces Maisons de la sagesse où se croisent dès le début du IXe siècle des traducteurs et savants venus de tous les coins du monde pour débattre, parfaire leurs connaissances et ouvrir de nouvelles voies. La langue internationale des sciences est alors l'arabe. Au sein des Maisons de la sagesse, la première pratique, c'est de traduire, de séjourner entre les langues, de faire passer d'une culture à une autre, de transmettre et d'inventer du nouveau en traduisant. La traduction est de même notre première pratique. D'où notre nom « Maisons de la sagesse-Traduire ».

Mus par un réel désir de science, qui se conjugue aux exigences d'une politique de prestige, les califes abbassides al-Mansūr et al-Mahdî donnent une première impulsion aux traductions en Islam oriental. Ils font venir des traducteurs de textes grecs, sanscrits, syriaques, des scientifiques, des médecins de l'université de Gundishapur, ville située au sud-ouest de l'Iran d'aujourd'hui, qui fut le centre intellectuel de l'Empire sassanide. C'est là que Khosro Ier (531-579) accueillit tant les derniers néoplatoniciens chassés par Justinien (fermeture de l'École d'Athènes en 529) que les chrétiens nestoriens qui fuyaient les persécutions de l'Empire byzantin.

Le mouvement s'accélère sous le califat de al-Maʿmūn (813-833). Aristote l'aurait exhorté en songe à rassembler à Bagdad les manuscrits des philosophes grecs. L'histoire raconte que, fortement impressionné par ce rêve, il décida de créer une institution originale qui regroupait en un même lieu bibliothèque, centre (*riwaq* ou « pavillon ») de traduction et de copie de manuscrits venus de tous les coins du monde, centre de recherches, d'études et de débats. Les « traducteurs », également mathématiciens, astronomes, médecins, musiciens, philosophes, chimistes, vétérinaires, botanistes, apothicaires, géographes, passent sans cesse de ce que l'on appellerait aujourd'hui la recherche fondamentale à l'étude de questions concrètes auxquelles le pouvoir les presse de répondre : utilité de la géométrie pour l'arpentage, l'ingénierie et les tracés des canaux d'irrigation ; de l'algèbre pour résoudre les lois compliquées des héritages ; de l'astronomie pour la mesure du temps et pour l'astrologie. Al-Khawarizmi dit dans l'introduction à son *Algèbre* : « Al-Maʿmūn m'encouragea à composer un compendium sur l'algèbre, en le limitant aux parties subtiles et importantes de ses calculs, comme celles dont les gens ont constamment besoin dans les affaires d'héritage, de legs, de partage, de procès, de commerce et dans les transactions où il est question d'arpentage, de creusement de canaux, de calcul géométrique et diverses autres choses[1]. »

Al-Maʿmūn lance des missions culturelles vers Byzance, l'Inde, la Sicile et les traducteurs envoyés en terre étrangère « ne rapportent pas de simples matériaux à transcrire. Ils importent la matière première pour des productions nouvelles et originales[2]. » La chasse aux manuscrits, comme la constitution de bibliothèques, fait l'objet d'une concurrence à grande échelle entre les califes, et les mécènes dépensent sans compter.

Des institutions de science similaires s'installent dans tous les grands centres urbains, à Samarcande, à Herat, au Caire, à Damas, à Fez, à Grenade, à Cordoue, à Kairouan. Toutes sont des lieux de confluence où les savoirs s'enrichissent, se fécondent, se réinventent dans un mouvement qui n'est pas si loin de ce que l'on appelle aujourd'hui la recherche-action.

Quelles étaient les formes architecturales de ces lieux de savoir, qui s'inscrivaient aussi comme lieux de pouvoir dans l'espace de la ville ? Où se trouvait le *Bayt al-hikma*

1. Voir F. Rose, *Algebra of Mohammed ben Musa*, Londres, Oriental Translation Fund, 1831 ; rééd. Hildesheim, Olms, 1986, p. 2-3.

2. A. de Libera, *La Philosophie médiévale*, Paris, PUF, 1993, p. 73.

dans Bagdad la ronde ? À quoi ressemblait-elle ? Et si aujourd'hui notre Maison de la sagesse-Traduire avait portes et fenêtres, à quoi aimerions-nous qu'elle ressemble ?

Bayt/Dâr

Le *Bayt* est au sens propre un abri couvert où l'on passe la nuit (*yubât fîhi*), tente en poil de chèvre ou en laine chez les nomades, maison chez les sédentaires. Le terme apparaît dans le Coran avec le sens de « demeure » (sourate XXIV, « La Lumière », verset 27 : « N'entrez point dans des *bayt-s* autres que vos *bayat-s* avant de vous faire admettre et d'avoir salué ceux qui les occupent »). La *Dâr* désigne plutôt un lieu qui regroupe des espaces construits autour d'une cour, ou un espace qu'entourent des murs (le radical DWR renvoie à une notion de cercle). Passer de *Bayt al-hikma* à *Dâr-al-hikma*, terme en usage en Égypte, implique une extension et un pouvoir (*Dâr al-islam* dit le « royaume de l'islam »).

Source : Ch. Topalov, L. Coudroy de Lille, J.-Ch. Depaule, B. Marin, *L'Aventure des mots de la ville*, Paris, Robert Laffont, 2010.

Le XVe siècle voit la fin de cet « âge d'or » des sciences arabes parce que les musulmans cessent de mettre en évidence leurs propres créations, leurs apports à la science internationale, leurs traditions de recherche et leur usage de la traduction comme instrument d'invention. Ils risquent alors d'être perçus seulement comme maillons de transmission de « l'étranger ». Comme l'écrit Alain de Libera[1], ils ont « cessé de revendiquer pour eux-mêmes, comme leur bien propre ou comme la partie d'un héritage leur revenant de droit, leur part d'Occident, de grécité ou de science dite "extérieure" ; ils ont cessé d'alléguer comme un titre méritoire le rôle joué dans la tradition scientifique, dans cette *translatio studiorum* de la Grèce en terre d'islam, d'Alexandrie à Bagdad et à Cordoue [...], ils ont cessé, selon le beau mot d'al-Kindi de "faire parler l'arabe à la science étrangère[2]" » : ils ont cessé de traduire.

Aujourd'hui, cette désignation, Maison de la sagesse, est reprise par un certain nombre d'institutions. La première est l'Académie tunisienne des sciences, des lettres et des arts, connue sous le nom de *Bayt al-hikma*. La fondation tunisienne a été créée en 1983 pour faire revivre

1. A. de Libera, *La Philosophie médiévale*, Paris, PUF, 1993.
2. *Ibid.*, p. 184.

l'institution du IXe siècle à Kairouan. Elle rassemble à Carthage des écrivains, des chercheurs, elle propose des conférences et des colloques, elle donne des prix, elle édite de nombreux ouvrages le plus souvent en prise sur l'actualité.

La Maison de la sagesse Fès-Grenade, de son côté, a été créée en 2012 sous l'égide de l'Unesco, pour réactualiser la *convivencia* et promouvoir la culture de la paix. Ce terme qui signifie « vivre avec l'autre » est généralement employé pour désigner la période commencée au Xe siècle et associée à al-Andalus. Il réapparaît en Espagne à partir de 1948, date à partir de laquelle il fait l'objet de débats, voire de tensions sur fond de franquisme. Aujourd'hui, le terme a pris place dans le *Dictionnaire de l'Académie française* qui, dans sa 9e édition, le définit comme la « situation dans laquelle des communautés, des groupes humains différents vivent ensemble au sein d'une même société en entretenant des relations de voisinage, de concorde et d'échange. La convivance des musulmans, des juifs et des chrétiens en Espagne prit fin en 1492. » *L'Humanité* du jeudi 28 octobre 2004 relate le discours prononcé sous la Coupole par Florence Delay qui explique que « le mot “convivance” forme un équivalent à *convivenza* (italien) et à *convivencia* (espagnol) et comble une lacune en français. Il est moins étriqué que “cohabitation”, moins festif que “convivialité”, moins vaste et abstrait que “coexistence”, moins sévère et plus spontané que “tolérance”. [...] Il évoque les sept siècles durant lesquels, dans la péninsule ibérique, juifs, musulmans et chrétiens vécurent côte à côte développant des échanges culturels dont l’apport à la culture européenne tout entière n’est plus à démontrer. » C’est devenu un terme d’une grande actualité[1].

Enfin, la Maison de la sagesse de l’Institut catholique de la Méditerranée (ICM) s’inscrit dans la continuité des « Ateliers culturels méditerranéens », tenus à Marseille entre 2008 et 2010, et du « Parvis du Cœur », organisé à l’occasion de Marseille-Provence capitale européenne de la culture en 2013.

À ces initiatives est venue s’ajouter la nôtre, en 2017 : pour l’association Maisons de la sagesse-Traduire, c’est la traduction qui est centrale. Sa langue est, pour

1. Voir par exemple R. Maggiori, *De la convivance*, Fayard, 1985 ; G. Alajouanine, *Plaidoyer pour la convivance. Failles et faillites des sociétés hyperconnectées*, Hermann, 2017, et *Plea for Convivence*, Hermann, 2019 ; A. Caillé, *Pour un manifeste du convivialisme*, Le Bord de l’eau, 2013, puis *Second Manifeste convivialiste*, Actes Sud, 2020.

reprendre l'expression de l'écrivain kenyan Ngugi Wa Thiong'o, « la langue des langues — la traduction ». Nous avons choisi le terme de Maisons de la sagesse-Traduire pour croiser la traduction, comme savoir-faire avec les différences, avec les pratiques. Ce qui nous importe, c'est le « entre », entre ici et ailleurs, entre nous et les autres. Traduire n'est pas une position de surplomb, comme dans l'universel de surplomb dont parle ci-dessous Souleymane Bachir Diagne, mais une redéfinition perpétuelle du « nous ».

La sagesse de traduire

Le 25 mars 2017, pour conclure les deux premières journées de travail consacrées à dessiner notre projet[1], Souleymane Bachir Diagne, qui enseigne à Columbia University (New York) et à Cheikh Anta Diop (Dakar), nous a aidés à réfléchir à partir de l'histoire des Maisons de la sagesse.

Voici la conférence qu'il a prononcée au théâtre de la Criée à Marseille.

1. Elles se sont tenues à l'Institut d'études avancées de Marseille où nous accueillait Thierry Fabre.

La sagesse de traduire

Je vais d'abord retracer l'histoire de l'institution que fut la Maison de la sagesse, créée en 832 de l'ère commune à Bagdad, sur ordre du calife abbasside de l'époque, qui s'appelait al-Ma'mūn, et qui a régné de 813 à 833. Le premier temps de mon propos sera donc de rappeler ce que fut cette première Maison de la sagesse, *Bayt al-hikma*. Le deuxième temps de mon propos, lié à la création de cette Maison de la sagesse, sera de revisiter avec vous ce que j'appellerai une scène de traduction, plus précisément une scène de *disputatio* autour de la notion de traduction : vous le verrez, c'est une scène tout à fait moderne dans sa thématique et ses enjeux, qui a eu lieu un siècle après la création de la Maison de la sagesse. Cette *disputatio* a opposé grammairiens et philosophes à propos des mérites de la grammaire et de la logique pour apprendre à raisonner, et plus généralement à propos de la traduction. Dans un troisième temps, regardant résolument vers l'avenir je dirai pourquoi il faut aujourd'hui que cent fleurs s'épanouissent, que cent *Bayt al-hikma* fleurissent.

Le calife al-Ma'mūn et la création de la Maison de la sagesse

Qui est ce calife abbasside fondateur du *Bayt al-hikma* à Bagdad ? Il faut d'abord rapidement situer la dynastie des Abbassides, et cet Abbasside-là en particulier, dans l'histoire de l'Islam. Le principe d'une succession dynastique dans le monde musulman est né en l'an 661, après une période qui a vu se succéder à la tête de la communauté créée par le prophète Mohammed quatre de ses très proches compagnons. Après eux les califes seront de la dynastie des Omeyyades qui ont régné de 661 à 750. Les Omeyyades étaient une dynastie plutôt guerrière, dont le règne a correspondu à un moment d'expansion très rapide de l'Islam : c'est par exemple sous les Omeyyades qu'en l'an 732, Charles Martel, selon le récit convenu, a « arrêté les Arabes à Poitiers ».

En 750, changement de dynastie, les Omeyyades disparaissent de la scène (sauf en Andalousie où se mettra en place un califat omeyyade) et sont remplacés par une nouvelle dynastie, celle des Abbassides. Ce changement a signifié, au moins au début, une ouverture à la science, aux savoirs, une ouverture symbolisée par un changement de capitale : on passe de la place fortifiée qu'était Damas, la capitale des Omeyyades, à la ville ouverte, la ville carrefour, qu'était Bagdad. La nouvelle capitale des Abbassides verra son nom associé à l'appropriation par le monde musulman des sciences et philosophies grecques, indiennes, etc.

Celui qui représente, celui qui symbolise le mieux cet esprit d'ouverture qu'est l'esprit de Bagdad, c'est bien le calife Abū al-Abbās al-Ma'mūn `Abd Allah ibn Hārūn al-Rāchid, de son nom complet.

Je vous demande simplement de prêter attention à la dernière partie de son nom, ibn Hārūn al-Rāchid, qui indique qu'il était un des fils de Haroun al-Rachid (selon l'orthographe la plus courante), probablement le calife abbasside le plus connu pour être celui des *Mille et une nuits*. Al-Ma'mūn est donc l'un des fils qui lui succèdent et qui sera calife, comme je l'ai dit tout à l'heure, pendant vingt ans, de 813 à l'an 833.

À l'origine de sa décision de créer une Maison de la sagesse, l'histoire retient qu'il y eut un rêve. Al-Ma'mūn vit donc, dans un de ces grands rêves qui changent le cours de l'histoire, le philosophe grec Aristote avec qui il eut un dialogue. Il est rapporté que le calife demanda à l'apparition :

– Qui es-tu ?

À quoi Aristote répondit :

– Je suis Aristote.

– Maître, lui dit alors le calife (notez bien qu'il l'appelle Maître), permets-moi de t'interroger.

– Interroge, lui répondit Aristote.

Allant droit à l'essentiel al-Maʿmūn lui demanda :

– Qu'est-ce que le bien ?

Et Aristote de répondre :

– Ce qui est bien selon la raison.

– Et après ? demanda le calife.

– Ce qui est bien selon la révélation.

– Et après ? insista le calife.

– Ce qui est bien aux yeux de tous, lui répondit Aristote.

Le calife posa encore la même question :

– Et après ?

À quoi Aristote répondit :

– Et après, il n'y a plus d'après.

– Dis-moi encore quelque chose, implora le calife.

Et Aristote conclut en disant :

– Que quiconque te donne un avis en or te soit comme de l'or ; et tu dois reconnaître le Dieu un.

Il y a beaucoup de choses à dire sur ce dialogue onirique. Commençons par la fin, la dernière réplique d'Aristote disant : considère quelqu'un qui te donne un avis précieux comme étant lui-même de l'or et surtout rends grâce au Dieu un. Cet Aristote qui affirme le monothéisme, un monothéisme tout à fait islamique, n'est bien entendu pas l'Aristote que nous connaissons. Et la raison pour laquelle le subconscient du calife al-Ma'mūn le représente sous cette figure d'un monothéiste strict est une manière pour lui, ultimement, de calmer sa propre angoisse devant la philosophie, pour reprendre ici la lecture « psychanalytique » que fait Jean Jolivet du songe du calife. Celui-ci se trouvait face à une question qui pouvait en effet se poser à la communauté musulmane à cette époque, celle de savoir si la philosophie grecque, qui comme son nom l'indique était « amour de la sagesse », pouvait être recevable dans le monde de l'islam. En d'autres termes, est-ce que les Grecs, qui étaient pour l'essentiel des païens aux yeux des musulmans, pouvaient avoir une sagesse qui importât à des musulmans qui avaient, eux, la révélation du Dieu unique ? Il fallait donc que le rêve se conclût de cette manière, c'est-à-dire sur la confirmation qu'il s'agissait bien d'un songe inspiré par Dieu, et non par Satan, et en même temps transmît le message que la philosophie pouvait être tout à fait *halal.*

Le reste de la conversation et les autres réponses d'Aristote disent la signification ultime du songe d'al-Ma'mūn : non seulement la sagesse des Grecs nous importe, mais elle vient en premier.

Il ne vous aura pas échappé en effet que la définition du bien pose le premier bien comme étant le bien selon la raison. Et c'est seulement ensuite que le bien selon la révélation apparaît. Ce qui au fond est logique, car il faut bien, si la révélation nous parle, qu'elle parle à une faculté en nous qui est déjà préparée à la recevoir. Par conséquent, logiquement et chronologiquement, la raison doit venir en premier. Et c'est seulement après que la raison et la révélation ont parlé que vient l'opinion. On retrouve là la hiérarchie classique : après la vérité démonstrative, vient l'opinion du plus grand nombre. Le résultat de ce rêve qui, au-delà de l'anecdote, est une dramatisation de la question de la relation de la philosophie à la religion, fut, dit l'histoire, la décision prise par al-Ma'mūn, dans les dernières années de son règne, de créer le *Bayt al-hikma*, qui fut achevée un an avant sa mort, en l'an 832. Cette « Maison de la sagesse » fut alors établie comme une institution consacrée à la traduction de la philosophie grecque en langue arabe. Dire « philosophie grecque », il faut le rappeler, c'est dire non pas seulement la science de l'être, mais également les mathématiques, l'astronomie, la médecine, etc., bref toutes les sciences que couronnait ce que nous appellerions de manière plus spécifique aujourd'hui la *philosophie*. Donc voilà que le calife, l'autorité politique, prend la décision de créer une institution où il va réunir des traducteurs, des copistes, des relieurs, tous les acteurs qui interviennent dans ce qui était un important *mouvement* de traduction et de publication (ce qui correspondait à une publication à l'époque) des œuvres grecques en langue arabe. Ce mouvement, il ne l'avait certainement pas créé : mais il lui donnait pour ainsi dire l'impulsion et la légitimité de l'autorité califale.

Il faut rappeler que l'époque, celle du début de la dynastie des Abbassides et du développement de Bagdad, est également le moment où le papier arrive dans le monde musulman venant de Chine. Donc les conditions techniques pouvant permettre un important mouvement de traduction étaient présentes. C'est une première remarque. La deuxième qu'on doit faire à propos de cette *translatio studiorum*, c'est que les premières traductions s'effectuent plutôt de la langue syriaque vers l'arabe, et c'est par la suite que, de plus en plus, les traductions se feront directement à partir du grec. La raison de cette médiation de la langue syriaque tient au fait que les chrétiens, nestoriens pour l'essentiel, installés à l'époque en Syrie et en Irak, avaient déjà une solide tradition d'étude de la philosophie grecque et de traduction de celle-ci dans leur langue. Lorsque l'islam, dans son expansion, s'est incorporé physiquement à ces centres intellectuels et à ces monastères où se trouvaient déjà des centres de traduction en syriaque de la philosophie grecque, le syriaque a joué tout naturellement un rôle capital.

Au-dessus des « fonctionnaires » du *Bayt al-hikma* qu'étaient les copistes, relieurs ou traducteurs, tous appointés par le calife, les premiers directeurs de la « Maison » furent alors, tout naturellement, des chrétiens.

C'est le lieu d'ouvrir une parenthèse. J'imagine que vous êtes nombreux à connaître ou au moins à avoir entendu parler de ce livre de Sylvain Gouguenheim[1], *Aristote au mont Saint-Michel*, où il s'agissait pour cet auteur de procéder à un nettoyage ethnique de l'histoire de la philosophie, et de faire un sort à l'affirmation que les Arabes et les musulmans avaient été des transmetteurs de la philosophie grecque à l'Europe de la chrétienté latine. L'auteur a ainsi présenté son texte comme l'entreprise de débusquer l'idée reçue que le monde de l'Islam aurait joué un rôle dans la *translatio studiorum.* D'ailleurs, croit-il pouvoir avancer

1. S. Gouguenheim, *Aristote au mont Saint-Michel, les racines grecques de l'Europe chrétienne*, Paris, Seuil, 2008.

comme argument pour dénoncer un mensonge trop longtemps entretenu, les traducteurs étaient, non pas musulmans, mais chrétiens ! Présenter cela comme une découverte est en fait une escroquerie pure et simple : toutes les histoires de la philosophie en Islam ont toujours parlé des chrétiens comme les premiers traducteurs. Le fait, connu et banal, n'est donc pas le signe d'on ne sait quelle conspiration du silence qui aurait attendu ce livre pour être débusquée.

Au-delà d'une simple parenthèse, l'évocation de cet ouvrage, que l'on a eu raison de considérer comme une manifestation d'« islamophobie savante »[1], me mène à cette remarque importante que le rôle des chrétiens nestoriens comme premiers traducteurs est emblématique de ce que fut l'histoire de la philosophie en général dans le monde musulman. Elle fut, non pas l'affaire des seuls musulmans, mais de philosophes venant de traditions religieuses différentes. Elle fut philosophie, non pas arabe, mais en arabe, car, outre le fait que les philosophes musulmans ne furent pas toujours, ni même le plus souvent, arabes, elle fut aussi la production, en langue arabe, de philosophes juifs ou de philosophes chrétiens…

L'exemple le plus cité est celui du philosophe Maimonide qui est un philosophe « arabe » si l'on considère qu'il écrivait en langue arabe devenue langue philosophique grâce aux traductions, justement. Il a été traduit en hébreu de son vivant, mais la langue

1. Voir P. Büttgen, A. de Libera, M. Rashed, I. Rosier-Catach, *Les Grecs, les Arabes et nous, enquête sur l'islamophobie savante*, Paris, Fayard, 2009.

de la philosophie était bien pour lui celle dans laquelle il écrivit *Le Guide des égarés.*

Alain de Libera le dit bien : ce que l'on appelle *philosophie islamique* (je parle quant à moi plus volontiers de « philosophie en islam ») est fait de rencontres, de traditions et de traductions entremêlées, réunissant aussi bien des philosophies païennes, chrétiennes, musulmanes, juives, des philosophies orientales ou occidentales, méditerranéennes, continentales, arabes, non arabes…

Une dernière remarque me fait revenir à cette idée que, s'il faut souligner le rôle joué par la « Maison de la sagesse » d'al-Ma'mūn, il faut aussi dire que si, à cause des circonstances que je viens de rappeler, elle est devenue le symbole du mouvement de traduction de la philosophie grecque, les intellectuels musulmans n'avaient certes pas attendu la décision du calife pour croire en la sagesse de traduire. Fort heureusement, en effet, et c'est encore le cas aujourd'hui, le monde de la science n'est pas à la remorque du pouvoir politique, il porte en lui-même son propre moteur que le pouvoir politique empêche ou accompagne. Dans le cas d'espèce, le calife abbasside al-Ma'mūn a marqué l'histoire en accompagnant le mouvement, voire en lui donnant un coup d'accélérateur. Mais le fait qu'un pouvoir politique ait érigé, à un moment de l'histoire, un monument à cette idée que la philosophie est traduction et que dans la traduction les langues deviennent philosophiques, est une chose qu'il faut souligner.

Que signifie que les langues deviennent philosophiques par la traduction ? Que les mots que nous utilisons tous les jours se trouvent comme transformés, chargés qu'ils sont d'une signification nouvelle, qu'ils sont, pour citer Mallarmé, « comme étrangers à la langue » ?

Prenons l'exemple du devenir-philosophique du latin. Lorsque les Latins se sont mis à traduire la philosophie grecque ils ont ainsi, pour traduire le concept d'*essence*, tout simplement pris un mot banal, tout à fait usuel, *quid*, qui pose la question « *qu'est-ce que ?* », auquel ils ont alors ajouté le suffixe — *itas* (qui a donné — *ité* en français) : et cela a produit la *quidditas* d'une chose, autrement dit ce qu'elle est, son essence. Très concrètement (les concepts dits « abstraits » sont souvent des mots très « concrets ») donc, l'essence d'une chose est son *c'est-quoi-ité.*

C'est exactement la même opération qui fut reproduite en arabe. Où le mot *kayfa*, signifiant *comment* (comme dans « comment vas-tu ? »), s'est vu ajouter le suffixe — *iyah* pour donner la *kayfiyah* d'une chose, autrement dit sa *quiddité.*

Comment un grammairien, gardien jaloux de l'idiome, surtout lorsque c'est celui en lequel Dieu a parlé, voit-il ce genre de transformations que la traduction apporte à la langue ? C'est justement à cette question que répond la controverse que j'annonçais comme le deuxième point de mon propos, celle qui a eu lieu un siècle après la création de la Maison de la sagesse, et qui a opposé un grammairien à un philosophe.

Grammaire, logique, philosophie

On peut comprendre qu'un grammairien s'énerve devant un mot nouveau comme la *c'est-quoi-ité* de la chose, sa *kayfiyah.* Et que sa colère soit dirigée contre la cause de tous ces barbarismes : la traduction.

Eh bien c'est cet énervement, dont la signification est importante pour l'histoire des traductions philosophiques, qui fut mis en scène en l'an 932, lorsque le vizir du calife de l'époque décida d'organiser à sa cour une véritable joute intellectuelle entre un grammairien du nom d'Abu Said al-Sirafi et le philosophe chrétien Abu Bishr Matta ibn Yunus. Ce dernier est un spécialiste de la logique et d'Aristote, représentant pour ainsi dire la famille des philosophes et des traducteurs face aux gardiens de la pureté de la langue. Cette *disputatio* souvent citée par les historiens de la philosophie en islam doit certainement être un classique de l'histoire de la philosophie tout court pour l'importance et la modernité de son propos.

Sirafi, donc, ne cache pas sa colère devant ce que les philosophes font de sa langue, la langue arabe, langue de la révélation qui plus est, mais il va attaquer très violemment son interlocuteur, dans ce débat public qui a toutes les allures d'un match de boxe.

La position qu'il exprime avec véhémence est que les philosophes se sont vendus corps et âme à des étrangers, les Grecs, en souscrivant en particulier à l'idée d'une logique universelle qu'ils auraient enseignée, ignorant ainsi leur propre logique, celle inscrite dans la grammaire de leur langue.

Ainsi l'opposition entre Sirafi et Matta est-elle tout de suite celle entre une logique de la langue, de chaque langue, et la prétention universaliste de la culture grecque. Sirafi va donc défendre le relativisme et cette idée que les langues sont à elles-mêmes leur propre logique, qu'elles sont la traduction d'une perspective sur le monde et donc qu'après tout il n'y avait aucune raison pour les philosophes musulmans parlant arabe de payer tribut à la philosophie et à la logique des Grecs puisque cette logique n'était rien d'autre que celle de la langue des Grecs. Et la position de Matta va consister à dire : mais non, ce n'est pas de la langue et de sa logique particulière qu'il est question, ce qui est important c'est la logique universelle qu'il faut comprendre comme une grammaire du raisonnement en général. Celle-ci n'a rien à voir avec la langue, et s'il se trouve qu'elle nous est transmise par la langue grecque, elle reste quelque chose d'universel qui transcende cette langue grecque ; nous devrions être bien contents de l'avoir trouvée chez Aristote et de l'avoir traduite dans la langue arabe en adaptant celle-ci à ses exigences. J'ai commencé ma carrière de philosophe en m'occupant beaucoup de logique symbolique et de logique algébrique. J'étais donc du côté de Matta exprimant cette idée qu'il y a bien une grammaire philosophique qui, comme dirait Leibniz, n'est celle d'aucune de nos langues post-babéliques. Un des arguments de Sirafi contre Matta était que la traduction éloigne de la vérité de l'original ; il reprochait donc aux philosophes hellénisants de s'éloigner de deux degrés de leur maître Aristote, puisque, leur disait-il, à travers Matta, vous traduisez vos textes à partir du syriaque : cela veut dire que du grec au syriaque puis du syriaque à l'arabe, il y a double déperdition. À cette affirmation que quelque chose se perd toujours dans la traduction, Matta opposait que, mais non, lorsqu'il s'agit de vérité, universelle par définition, on ne perd rien puisque, par définition justement, le vrai est ce qui se maintient et se conserve par l'opération de traduction.

J'en suis venu par la suite à avoir davantage de sympathie pour la position de Sirafi (pas pour le personnage de Sirafi, totalement antipathique dans la façon dont il attaque Matta soulignant encore et encore que ce dernier ne parle pas très bien l'arabe). Elle est importante et, ainsi que je l'ai dit, tout à fait moderne, présentant une thèse qui est reprise plus d'un millénaire après : ce qu'Aristote présente comme les catégories de la pensée universelle, ce n'est que celles de sa propre langue grecque, les différentes manières d'y faire usage du verbe *être* — être combien, être de quelle quantité, de quelle qualité, être où, être dans quoi, être subissant quoi, être agissant comment, être positionné comment, etc. Quand vous répondez en grec à toutes ces questions-là, vous avez les catégories d'Aristote. Pourquoi, demande Sirafi, parlant arabe devrions-nous prendre la manière dont les Grecs disent les choses en leur langue à copule, comme on dit ?

Sirafi avait bien raison de poser cette question. En tout cas, quelque antipathique qu'il ait été dans la *disputatio*, sa position avait une vérité profonde, demandant que l'on parte toujours du pluriel des langues, que l'on dise, que l'on constate, qu'il y a toujours « plus d'une langue », qu'il y a eu Babel. Il n'y a que cela : les langues à jamais « imparfaites en cela que plusieurs », et l'universalité, si universalité il y a, se trouvera dans leur rencontre, et cette rencontre est traduction. Si bien que Sirafi a raison de dire qu'une langue, c'est aussi tout un monde. Croire à l'universel comme horizon, c'est alors ajouter que ces mondes ne doivent pas être considérés comme des insularités refermées sur elles-mêmes ; parce que précisément il y a de la traduction.

Voilà toutes sortes de raisons qui font, de la réflexion qu'il faut entendre sous le bruit et la fureur de la controverse Sirafi-Matta, un moment important de l'histoire de la philosophie et un classique des *Translation studies.*

Que cent Bayt al-hikma fleurissent

De l'an 932, je saute par-dessus les siècles pour arriver maintenant en l'an 1955.

L'an 1955 pourquoi ? Parce qu'en l'an 1955 il y a eu un événement que le Sénégalais Senghor a considéré comme le plus important du XXe siècle : la conférence de Bandung. On pourrait être surpris de voir quelqu'un comme lui, qui a connu la Seconde Guerre mondiale, a été prisonnier de guerre et qui a failli être fusillé parce que Noir africain entre les mains des nazis. (Entre parenthèses : il aura échappé à la mort, semble-t-il, pour des raisons de langue, encore une fois, et de traduction. Parce que le responsable du camp où il était interné l'a vu lire un texte en grec, et a découvert qu'effectivement il avait affaire à un agrégé de grammaire : l'homme de culture qu'était ce responsable a vu en son prisonnier un *alter ego*.) Si Senghor ayant connu tout cela, toutes les atrocités de la Seconde Guerre mondiale, dit que l'événement le plus important du XXe siècle fut Bandung, c'est parce que cette conférence a représenté *l'affirmation d'un principe*, selon lequel aucune culture n'a le droit, jamais, quelque « raison » qu'elle se donne, d'en coloniser une autre.

Bref Bandung, c'est l'affirmation du pluriel, l'affirmation que l'histoire universelle n'est pas la seule histoire de l'Europe ; qu'il n'y a pas un universel qui aurait choisi de s'incarner dans une civilisation, ni dans une langue ou une famille de langues, lesquelles civilisation et langues auraient alors été investies de la mission divine d'organiser le reste du monde autour d'elles.

Il n'y a pas, dit Bandung, ce que Merleau-Ponty a appelé un universel « de surplomb ». Bandung, c'est ce que le philosophe Levinas appellera, avec condescendance, l'irruption des masses afro-asiatiques sur la scène de l'histoire. Bref, ce moment Bandung est celui de la sortie de la domination de ce que Barbara Cassin appelle « les langues unes », celles qui ont mis leur « génie » en compétition pour se définir comme étant la meilleure incarnation du Logos.

Et si Bandung est la conférence postcoloniale par excellence, je pense que je peux définir le *Dictionnaire des intraduisibles* comme une œuvre postcoloniale, en caractérisant ainsi ce qui interdit la colonisation, ce qui interdit de penser qu'il y ait quelque chose comme le Logos qui planerait au-dessus des langues dans leur pluralité et dans leur totale équivalence.

Il faut apprendre à penser selon un Bandung épistémologique, ce qui signifie entre autres œuvrer au développement de toutes les langues comme langues d'invention, de création et de science modernes. La signification d'un Bandung épistémologique, c'est la multiplication de *Bayt al-hikma* par toute la terre. Autrement dit, il s'agit de toujours recommencer le geste du calife al-Ma'mūn, à savoir créer une institution qui soit aussi un hommage à la traduction comme la meilleure manière de prendre acte du pluriel des langues ; il m'a semblé que la ville de Marseille était une ville prédestinée en quelque sorte à devenir sur ce plan une Bagdad du XXIe siècle postcolonial. C'est une ville qui a la relation que l'on connaît avec le colonialisme, c'est une ville qui a aujourd'hui dans la diversité qui la caractérise, la relation que l'on peut constater avec le postcolonialisme. Donc l'idée d'une Maison de la sagesse, de la sagesse de traduire, dans une ville comme Marseille, est une manière de dire qu'il ne s'agit pas de reconstruire la tour de Babel, symbolisant au fond l'arrogance des langues unes, mais au contraire d'habiter ensemble une Maison de la sagesse.

On ne s'étonnera pas de ce que Souleymane Bachir Diagne dirige aujourd'hui la traduction, c'est-à-dire la réinvention, du *Dictionnaire des intraduisibles* en wolof. Un « Bandung de la traduction », ne serait-ce pas pour nous, ici et maintenant, le projet phare d'une Maison de la sagesse ?

Mais qu'est-ce exactement que Bandung ?

2. Un Bandung de la traduction

La conférence de Bandung, tenue du 18 au 24 avril 1955 à Bandung en Indonésie, a réuni pour la première fois les représentants de 29 pays africains et asiatiques : elle a marqué l'entrée sur la scène internationale des pays anciennement colonisés du « tiers-monde ». Ceux-ci choisirent de n'intégrer aucun des deux blocs qui se faisaient face, États-Unis et URSS, et optèrent pour le non-alignement.

Que s'est-il passé ou que ne s'est-il pas passé pour qu'aujourd'hui certains pays comme la Chine aient pu s'imposer comme grande puissance sur les pays qui partagèrent Bandung à ses côtés ? Que reste-t-il des principes fondateurs de Bandung tels que le « respect des droits humains fondamentaux en conformité avec les buts et les principes de la Charte des Nations unies », ou le « respect de la souveraineté et de l'intégrité territoriale de toutes les Nations[1] » ? L'enthousiasme suscité par cette première rencontre des non-alignés s'est émoussé.

Après Bandung

Il y a Bandung comme invention et Bandung comme réalisation. Comment faire pour tenter de réduire cette différence qui condamne la plupart des grandes conférences internationales à un consensus mou sans efficacité ? Comment faire pour qu'une conférence internationale soit autre chose qu'une machine célibataire ?

En 1976, Amadou-Mahtar M'Bow, alors directeur général de l'Unesco, lance l'appel « Pour le retour à ceux qui l'ont créé d'un patrimoine culturel irremplaçable ».

---

1. Dans le « Communiqué final de la conférence afro-asiatique de Bandung (24 avril 1955) », *Annuaire français de droit international*, 1, 1955, p. 72 (www.persee.fr).

« Restituer au pays qui l'a produit telle œuvre d'art ou tel document, c'est permettre à un peuple de recouvrer une partie de sa mémoire et de son identité, c'est faire la preuve que dans le respect mutuel entre nations se poursuit le long dialogue des civilisations qui définit l'histoire du monde[1]. » Les termes de cet appel se retrouvent dans toutes les conventions internationales sur la culture, et dans la plupart des discours et prises de parole sur l'épineuse question des restitutions qui pèse aujourd'hui sur les relations entre pays.

La Conférence mondiale sur les politiques culturelles tenue à Mexico en 1982 affirma haut et fort les principes qui devaient régir les politiques culturelles : identité culturelle (« l'identité culturelle est une richesse stimulante qui accroit les possibilités d'épanouissement de l'espèce humaine en incitant chaque peuple, chaque groupe à se nourrir de son passé, à accueillir les apports extérieurs compatibles avec ses caractéristiques propres et à continuer ainsi le processus de sa propre création[2] »),

1. Appel de Amadou-Mahtar M'Bow, « Pour le retour à ceux qui l'ont créé d'un patrimoine culturel irremplaçable », 7 juin 1978 (www.unesco.org).

2. Déclaration de Mexico sur les politiques culturelles, conférence mondiale, Mexico, 26 juillet-6 aout 1982 (www.unesco.org).

dimension culturelle du développement, culture et démocratie, patrimoine culturel (« La restitution à leur pays d'origine des œuvres qui leur ont été retirées de façon illicite est un principe fondamental des relations culturelles entre les peuples. À cet égard, les instruments, accords internationaux existants pourraient être renforcés pour en accroitre l'efficacité[1] »), rapports de la culture avec l'éducation, la science et la communication, coopération culturelle internationale.

À la convention de l'Unesco de 1970 sur « Les mesures à prendre pour interdire et empêcher l'importation, l'exportation et le transport illicites de la propriété de biens culturels » s'ajouta, en 1995, la convention d'Unidroit sur « Les biens culturels volés ou illicitement exportés[2] ».

En 2005, deux nouvelles conventions vinrent préciser la nécessité de prendre en compte la diversité des cultures et le droit des peuples au patrimoine : la convention de l'Unesco sur « La protection et la promotion de la diversité des expressions culturelles » et la convention-cadre du Conseil de l'Europe sur « La valeur du patrimoine culturel pour la société », dite

1. *Ibid.*
2. Convention d'Unidroit (www.unidroit.org).

convention de Faro[1], que la France n'a toujours pas ratifiée.

Droit international/droits nationaux : un *double bind*

Le ministère chargé des Affaires européennes explique pourquoi la France ne ratifie pas une convention que pourtant elle approuve :
« Les autorités françaises ont contribué activement à l'élaboration de la convention de Faro. La France en partage l'esprit notamment à travers la mise en œuvre de projets basés sur une approche intégrée du patrimoine, impliquant pleinement les populations locales, en particulier dans le cadre de sa coopération à l'international et de la promotion de la diversité culturelle comme renforcement du dialogue des cultures. Cependant, malgré cet engagement, certaines dispositions de la convention sont susceptibles d'entrer en contradiction avec la Constitution de la République française. En effet, certains articles de la convention, en particulier les articles 2, 4 et 13, pourraient conduire à reconnaître des droits collectifs sur divers fondements, y compris la langue et l'appartenance ethnique ou religieuse. Or, le Conseil constitutionnel estime qu'il ne peut être conféré de "droits

1. Convention de Faro (www.culture.gouv.fr).

collectifs spécifiques à des groupes dans leurs relations mêmes avec les collectivités publiques" (Décision n° 99-412 du 9 mai 1999). Par ailleurs, plusieurs stipulations de cette convention ont un caractère vague qui ne permet pas de déterminer avec certitude l'ensemble des implications possibles d'une mise en œuvre concrète par les parties. Plusieurs des principaux partenaires européens de la France éprouvent des difficultés similaires. À ce jour, seuls huit États membres de l'Union européenne sont parties à la convention de Faro. Bien que la France ne puisse signer en l'état la convention de Faro pour des raisons constitutionnelles, elle en partage certains des éléments innovants et elle continuera de soutenir et de contribuer à la politique du Conseil de l'Europe visant à valoriser le "patrimoine commun européen" tout en renforçant les droits de l'Homme et la démocratie » (*JO* Sénat du 1/2/2018, p. 424).

Ces conventions contribuent à forger une doctrine internationale en distillant des principes auxquels se rallient une majorité d'États, si bien qu'elles construisent lentement une responsabilité collective des États envers le patrimoine. Elles diffusent aussi l'idée que la culture permet de fabriquer ou de reconstituer des identités nationales. Or elles n'ont pas, pour autant, d'effets dans le droit interne de ces mêmes États et ne jouissent d'aucun pouvoir contraignant : « dans presque tous les cas, le juge ne se prononce qu'en vertu de la seule loi du pays où est situé le bien au moment où il est revendiqué, rejetant *de facto* la demande de l'État requérant qui, lui, se fonde sur sa propre législation qui lui reconnaît la propriété du bien[1] ». Si bien que les effets de ces conventions, pourtant ratifiées par un très grand nombre de pays, ne se font sentir qu'au compte-gouttes quand elles ne restent pas inopérantes.

Une « périlleuse vente aux enchères »

Le conflit ne se situe pas seulement entre droit international et droit national, mais entre droits nationaux incompatibles, comme en témoigne le marché de l'art. Ainsi, *Le Temps* du 11 mars 2013 décrit-il une « périlleuse vente aux enchères » :
À quelques jours de la vente chez Sotheby's de la collection d'art précolombien du Genevois Jean-Paul

1. V. Négri, « La conservation du patrimoine africain au péril du droit », *African Memory in Danger — Mémoire africaine en péril*, A. Mayor, V. Négri et E. Huysecom (éds), *Journal of African Archaeology Monograph Series*, vol. 11, Africa Magna Verlag, 2015, p. 102.

Barbier-Mueller, le Pérou dénonce la vente en s'appuyant sur une loi de 1822 qui protège le patrimoine péruvien et promet de faire une réclamation par voie diplomatique en accord avec les traités internationaux. Sotheby affirme que « toutes les pièces ont été tracées depuis leurs premières acquisitions » et sont antérieures à la convention de l'Unesco de 1970. La vente eut lieu dans un contexte tendu.
Cette vente n'est pas sans rappeler celle qui aurait dû se dérouler le 12 septembre 2008 à Drouot-Montaigne et qui fut suspendue le matin même. L'ambassade du Mexique avait en effet saisi, via un procureur mexicain, le ministère de la Justice français afin de mener une enquête sur l'origine des biens proposés à la vente et de procéder à leur expertise. Le Mexique se référait à une loi nationale de protection du patrimoine promulguée le 16 novembre 1827 interdisant l'exportation de tout objet archéologique, ainsi qu'à la convention de l'Unesco de 1970.

Face à ces difficultés, nous avons choisi de nous intéresser à ce qui, au moins dans les domaines du patrimoine, nous semble être l'une des causes du décalage entre les principes affichés dans les conventions internationales et les réalités du terrain soumises aux priorités conjoncturelles des États : une uniformisation et une sorte de fossilisation des registres linguistiques sans cesse consolidées par les organismes multilatéraux. La langue internationale du patrimoine et les concepts qu'elle diffuse (« patrimoine mondial », « diversité culturelle », « développement durable »…) n'évoluent guère et peinent à suivre en temps réel la marche du monde. L'évolution rapide des incidences du changement climatique sur nombre de biens patrimoniaux, les vols et pillages à grande échelle, les prises en otage du patrimoine… sont des réalités mouvantes et changeantes difficiles à mettre en mots. Cette position de surplomb des langues « internationales », à distance de toutes les langues nationales localement pratiquées, empêche de penser des alternatives nouvelles et d'inventer d'autres façons de dire et de protéger le patrimoine.

Miisee ou *resorde pinal ?*

Dans *Les Intraduisibles du patrimoine en Afrique subsaharienne* (Démopolis, 2014), nous avons, avec des linguistes africains, des spécialistes du patrimoine et des juristes, examiné deux notions apparemment évidentes : celle de « patrimoine » et celle de « musée ». Elles cristallisent l'emploi des critères (exceptionnel, universel, intégrité, authenticité, identité, nature, culture, etc.) qui conditionnent la reconnaissance internationale d'un bien patrimonial par l'Unesco. Mais qu'advient-il quand il s'agit de transposer ces mots, avalisés dans le discours onusien, aux situations et aux problématiques africaines par exemple ? N'est-ce pas l'une des causes de la sous-représentation des patrimoines africains dans les listes du patrimoine mondial de l'Unesco ? Travailler dans cette perspective, c'est déjà initier un Bandung de la traduction.

Nous avons étudié comment s'opère le passage de ces mots *patrimoine* et *musée* en six langues : bamanakan (ou bambara), fulfulde (peul ou pulaar), swahili (ou kiswahili), setswana, anglais et français. Passer d'une langue à l'autre, c'est faire l'expérience d'une déterritorialisation. C'est quitter un territoire, aussi bien réel que fantasmé, pour rejoindre l'interaction entre les langues. Faire le bilan, chaque fois que s'engage le processus de traduction, de ce qui résiste, de ce que l'on perd, de ce que l'on gagne, permet de s'approcher au plus près des singularités culturelles.

Si nous reprenons, par exemple, la question de la notion de « musée » pour l'ensemble des quatre langues africaines, nous constatons qu'il existe, de longue date, des façons de dire et de partager le patrimoine qui n'ont rien à voir avec un musée tel que nous le concevons en

Occident. Quand ni le concept, ni le mot, ni la chose à nommer n'existent dans la langue d'arrivée, on a le choix entre un emprunt ou un néologisme. C'est le cas pour « musée ».

L'emprunt, apparemment plus facile, laisse toujours planer l'opacité du terme dont la communauté ignore jusqu'à la consonance. Aussi, un certain nombre de langues ont choisi de créer un néologisme le plus transparent possible en partant des latitudes de créativité lexicale propres à chaque langue, dans le respect des règles de structuration morphologique. À supposer qu'un musée doive se créer dans une zone linguistique dominée par l'usage du fulfulde, quelle différence y aurait-il, pour les populations locales, entre l'emprunt du mot « musée » et la création d'un « *resorde pinal* » ? Reprenons l'exercice auquel s'est livré, en 2014, Fary Silate Ka, professeur de linguistique à l'université Cheikh Anta Diop et membre de l'Académie africaine des langues (ACALAN), qui propose de réfléchir sur la manière de dire « musée ».

Dire *musée* en fulfulde :
***resorde pinal,* « conservatoire de la culture »**

Pour rendre le terme « musée » en tant que réalité inconnue de la communauté, il a fallu d'abord expliquer clairement ce qu'est, à notre compréhension, un *musée* dans le vocabulaire de la langue

d'origine, le français. Voici la définition donnée par le Conseil international des musées (ICOM) :
« Le musée est une institution permanente sans but lucratif, au service de la société et de son développement, ouverte au public, qui acquiert, conserve, étudie, expose et transmet le patrimoine matériel et immatériel de l'humanité et de son environnement à des fins d'études, d'éducation et de délectation. »
On a ensuite dégagé les traits sémantiques de base de la notion pour mieux la circonscrire :
– l'idée de *lieu* ou *endroit* ;
– l'idée de *conserver* (*garder* des choses et des objets) ;
– l'idée de *culture* ou de civilisation : les éléments culturels sont conservés là pour être visités, observés ; ce faisant, l'on élargit sa culture aussi au contact de ces réalités ;
– l'idée donc d'*observation*, d'*admiration*, d'*information*, de *délectation.*
On a créé et éliminé, au fur et à mesure, beaucoup de termes ; soit parce qu'ils tendaient à tout réduire à la seule observation admirative (cas de *yeeɓirde* « lieu où l'on admire des choses » <= de *yeeɓ-* « regarder avec admiration »), soit par qu'ils n'étaient pas suffisamment pertinents et auraient pu servir pour d'autres désignations (cas de *galle pinal* « maison de la culture » ou encore *suudu pinal* « salle/chambre de la culture », par analogie avec *suudu defte* « bibliothèque », mais encore plus réducteur). On a éliminé également l'emprunt du mot d'origine, phonétiquement adapté en *miisee* puisque les populations ignoraient jusqu'à cette sonorité, qui ne leur disait rien.
C'est ainsi qu'en nous fondant sur la créativité lexicale naturelle de la langue, et en tenant compte des trois premiers traits

sémantiques caractéristiques de « lieu », de « conservation » et de « culture », nous avons créé ensemble le néologisme hautement transparent de *resorde pinal.*

Le terme *resorde pinal* est limpide pour les locuteurs natifs, pour trois raisons principales :

1. tous les morphèmes (base lexicale, dérivatifs, indice de classe nominale) constitutifs du terme *resorde* sont clairs et transparents dans leurs sens respectifs pour les locuteurs ;
2. la formation du mot épouse exactement la structure canonique de formation des lexèmes nominaux en fulfulde ;
3. des exemples de mots/lexèmes ainsi formés sont foison dans le vocabulaire courant de la langue :

hoɗ- « habiter » => *hoɗorde*, « habitat, demeure »
loot- « laver » => *lootorde*, « salle de bains, endroit où on se lave »
hen- « air, vent » => *henorde*, « fenêtre »
sod- « couper court » => *sodorde*, « raccourci [chemin de —] »
juul- « prier » => *juulirde*, « lieu de prière, mosquée », etc.

Le terme est composé des deux substantifs : *resorde* « lieu de réserve, de conservation » et *pinal* « culture ».

Resorde /res-o-r-de/ est formé comme suit :

• Racine verbale *RES-* (infinitif *RESde*) : signifiant « garder en réserve ». Exemples : *resde jawdi* « garder des biens », *resde debbo* « garder [pour l'avoir épousée] une femme », *resde sirru* « garder un secret », etc.

– Morphème — *o-* : marque de la voix moyenne, renvoyant au sujet du verbe, avec une valeur presque « pronominale ». Ainsi res-o- « se garder, être conservé », sans préjuger de l'auteur de la conservation.

• Morphème — *r-* : instrumental/locatif qui indique que l'on se sert de quelque chose, ou d'un lieu, d'un endroit.
• Marque de classe — *de* : indice du second degré de dérivation (substantivation) dans la classe nominale *NDE* qui connote le lieu, l'espace délimité, la zone, la totalité/globalité, la rotondité, etc. C'est ainsi la classe de l'univers *winndere NDE,* du livre *deftere NDE*, du lieu *nokkere NDE* ; des choses rondes : *hoore NDE* « tête », *horde NDE* « calebasse », *duunde NDE* « ile », lowre NDE « parcelle de terrain », *husre NDE* « morceau de viande, muscle », etc. D'où *resorde :* « lieu, endroit où se conserve, se garde… ».

Pinal/fin-al/ est formé comme suit :
• Racine verbale *FIN*- (infinitif *FINde*) : signifiant « se réveiller, être éveillé » et, par extension, « être ouvert, érudit, éveillé, cultivé ».
• Marque de classe — *al* : indice du 3e degré de dérivation dans la classe nominale *NGAL* qui connote généralement l'état.
D'où *pinal* « ensemble des valeurs [héritées ou naturelles] de connaissances et de savoirs [d'une communauté] ». *Pinal* se distingue ainsi de *ganndal* (racine ANND- « savoir, connaître ») qui désigne la connaissance objective, la science.
Resorde pinal équivaut ainsi à « *lieu/endroit de conservation de* [choses concernant, relatives à] *la culture* ».

On voit bien comment pourront se faire les processus d'appropriation par les populations peules interrogées par Fary Silate Ka, selon qu'il s'agira d'un *miisee* ou d'un *resorde pinal.* Les deux mots ne se recouvrent peut-être pas et la totalité des éléments constitutifs du musée selon l'ICOM n'est plus tout à fait là. On a perdu la « délectation », sans doute beaucoup de la substance de ce qui différencie pour nous le patrimoine matériel du patrimoine immatériel, une idée de la culture coupée de celle de la nature, mais on a gagné le sens de ce que peut être un musée pour des populations peules du Sénégal et la possibilité d'un dialogue et d'échanges à égale dignité entre un *musée* et un *resorde pinal*, entre eux et nous.

Le peu de résonance qu'a le mot « musée », en Afrique de l'Ouest notamment, n'a pas facilité la tâche des législateurs africains chargés d'élaborer des systèmes de protection de leur patrimoine. En aurait-il été autrement s'ils avaient dû protéger des *resorde pinal*, en prise au moins linguistique sur des réalités locales ?

Vincent Négri[1] note bien que :

> Les modèles juridiques hérités de la colonisation demeurent très présents et marquent les formes institutionnelles des musées. *In fine*, quelle que soit la transcription juridique du terme musée, son périmètre et son contenu sont directement inspirés de la notion originelle, telle qu'elle

1. V. Négri, « La conservation du patrimoine africain au péril du droit », *op. cit.*, p. 100.

a été formatée par les traditions occidentales. L'usage du terme, sa portée, sa reconnaissance et les conditions de son appropriation par les acteurs locaux ne sont pas caractérisés dans les droits africains. L'absence ou la mise en défaut du droit sur le terrain, là où il pourrait servir d'appui à l'appropriation de la notion par les communautés locales, favorisent l'artificialisation juridique du musée et une forme de défiance du public africain envers ce modèle importé.

Il ajoute :

Les législations africaines sont ambivalentes — à la fois imprégnées des concepts occidentaux de conservation du patrimoine hérités de la colonisation, voire adoptés par mimétisme postcolonial, et marquées par la revendication d'une africanité patrimoniale. [...] Face à cette situation, une évolution se fait jour pour fonder la protection des biens culturels sur des principes endogènes et ancrer les normes internationales sur des principes originaux, formulant une réponse adaptée à la gravité de l'érosion du patrimoine africain.

Nous poursuivons aujourd'hui ce travail sur les « intraduisibles », pour dénouer les crispations d'un dialogue, souvent revendiqué mais jamais vraiment réalisé, autour des « restitutions ».

Les « trois i » et la restitution

Un discours prononcé à Ouagadougou lors d'une visite d'État du président Macron, le 28 novembre 2017, a donné une actualité particulière à la question des restitutions dont les enjeux politiques et économiques se font pressants depuis une vingtaine d'années. Ce discours fait date. « Nous souffrons, dit Emmanuel Macron, d'un imaginaire qui nous enferme dans nos conflits, parfois dans nos traumatismes » :

> Aujourd'hui, nous sommes orphelins, nous sommes orphelins en quelque sorte d'un imaginaire commun. Le premier remède c'est la culture, dans ce domaine, je ne peux pas accepter qu'une large part du patrimoine culturel de plusieurs pays africains soit en France. Il y a des explications historiques à cela mais il n'y a pas de justification valable, durable et inconditionnelle, le patrimoine africain ne peut pas être uniquement dans des collections privées et des musées européens. Le patrimoine africain doit être mis en valeur à Paris mais aussi à Dakar, à Lagos, à Cotonou.

Les débats s'étaient durcis après la réponse du ministre français des Affaires étrangères au président béninois Patrice Talon qui, le 1er août 2016, jour de la fête nationale, avait envoyé une demande de restitution de statues et objets royaux. Dans une lettre datée du 12 décembre 2016, Jean-Marc Ayrault lui signifiait une fin de non-recevoir par le biais d'une réponse juridique :

> Les biens que vous évoquez ont été intégrés de longue date, parfois depuis plus d'un siècle, au domaine public mobilier de l'État français. Conformément à la législation en vigueur, ils sont soumis aux principes d'inaliénabilité, d'imprescriptibilité et d'insaisissabilité. En conséquence, leur restitution n'est pas possible.

Cette règle des « trois i » — inaliénable, imprescriptible, insaisissable — a été établie par l'édit du Moulin en 1566 pour protéger les biens de la Couronne. Cet édit, supprimé à la Révolution, a été rétabli au XIXe siècle par Proudhon pour affirmer que la personne publique n'est pas propriétaire du domaine public et ne peut donc le vendre. Toutefois, selon les décisions du Conseil constitutionnel, on peut considérer que le principe d'inaliénabilité n'a pas valeur constitutionnelle, car il ne serait pas un principe fondamental reconnu par les lois de la République. En conséquence, l'inaliénabilité n'empêche pas les personnes publiques de vendre leur bien : il suffit qu'elles les déclassent pour les faire entrer dans le domaine privé. À défaut, la vente d'un bien, non déclassé, est considérée comme nulle. L'acte de déclassement est plus ou moins facile à mettre en œuvre en fonction des autorités concernées. En témoigne le récent déclassement permettant de rendre à la république du Bénin le Trésor de Béhanzin, soit vingt-six œuvres conservées au musée du Quai Branly-Jacques-Chirac, ainsi que, à la république du Sénégal, le sabre de Omar Tall conservé au musée de l'Armée. L'ensemble du débat est parfaitement instruit dans le rapport que Felwine Sarr et Bénédicte Savoy[1] ont produit à la demande du président de la République, pour faire suite au discours de Ouagadougou.

Mais à qui rendre le sabre ?

Les objets du patrimoine peuvent redéfinir et redessiner des territorialités qui débordent le cadre national. Certains objets ont été produits par des communautés aujourd'hui à cheval sur plusieurs frontières héritées du fait colonial (conférence de Berlin 1884-1885), et ils en symbolisent l'identité. Un exemple, particulièrement compliqué, mais très significatif, est celui

1. F. Sarr, B. Savoy, *Restituer le patrimoine africain. Vers une nouvelle éthique relationnelle*, rapport remis au président de la République le 23 novembre 2018, Philippe Rey/Seuil, 2018.

du sabre d'El Hadj Omar Foutiyou Tall. La famille omarienne de ce fondateur de l'Empire toucouleur se trouve en effet à la fois au Sénégal, au Mali, en Mauritanie et en Guinée. Cette communauté réclame en vain depuis 1994 aux autorités françaises le retour des reliques du fondateur et la numérisation de ses manuscrits. Chaque année, elle organise un rassemblement autour de l'héritage spirituel d'El Hadj Omar, dont une partie des reliques se trouve conservée au Muséum d'histoire naturelle de la ville du Havre, les manuscrits (518 pièces) dans le fonds Archinard de la Bibliothèque nationale de France, le sabre étant pour sa part au musée de l'Armée, à Paris. Ce sabre est lui-même inventorié comme un objet composite : lame française, modèle 1821, dite à la Montmorency, avec gravé sur le dos : « Manufacture de Klingenthal et Coulaux et Cie » ; pommeau en forme de bec d'oiseau en bronze fondu, martelé et gravé, témoignant du savoir-faire d'un forgeron toucouleur ; fourreau gainé de cuir avec garnitures en laiton, typique de cette région d'Afrique de l'Ouest.

Aujourd'hui, il a trouvé sa place au musée des Civilisations noires de Dakar, inauguré en 2018, auquel il a été « restitué », mais d'abord sous la forme d'un prêt afin de respecter les règles de la domanialité publique. Puis ce prêt a été transformé en dépôt. Enfin, il a fallu un projet de loi *ad hoc*, adopté par l'Assemblée nationale française le 6 octobre 2020, pour transformer ce dépôt en restitution.

Malgré des tentatives répétées, le débat complet n'a pas vraiment lieu, et, en particulier, il ne parvient jamais à inclure les populations concernées. L'impasse est régulièrement réactivée par des actions, menées par des groupes qui interviennent dans les musées, pour dénoncer l'illégitimité de la propriété par la France de tel ou tel objet[1].

Pour nous, la question est aussi celle de trouver les moyens de rendre à un objet sa valeur culturelle à la fois mise en lumière et occultée par la valeur de transaction induite par le principe de restitution. Sans doute faudra-t-il mettre en avant les mots du patrimoine aujourd'hui enfermés dans l'espace lointain, voire négligés, des langues régionales, locales ou minoritaires.

Voyons comment nos collègues de l'université Cheikh Anta Diop de Dakar, Fary Silate Ka et Adjaratou Sall,

1. Voir par exemple l'action menée le 30 juillet 2020 au MAAOA, à la Vieille Charité de Marseille, par la LDNA : www.facebook.com/liguededéfensenoirafricainefrance.

tentent d'envisager cette composante linguistique du problème[1].

« **Restitution** » **en langues africaines du Sénégal**

De 2011 à 2014, l'équipe Nord-Sud du projet *Intraduisibles du patrimoine* a mené un premier travail sur la notion de « musée » qui a abouti à la publication, de l'ouvrage collectif *Les Intraduisibles du patrimoine en Afrique subsaharienne*[1]. Par la suite, la coordination du projet a été transférée au Sud, sous la tutelle scientifique de l'IFAN-Ch. A. Diop de l'université Cheikh Anta Diop de Dakar (UCAD), à travers le Laboratoire de linguistique. L'équipe du Sud, essentiellement basée au Sénégal, est pluridisciplinaire et regroupe des spécialistes de différentes langues. Elle comprend des représentants de huit langues sénégalaises, dont les six de première génération (*wolof*, *seereer*, *pulaar*, *mandinka*, *jóola*, *sooninke*, par ordre de date de codification) et deux de moindre diffusion (*mènik*/bédik et *oniyan*/bassari). Elle comprend aussi un spécialiste des questions juridiques, et travaille en collaboration avec la Direction du patrimoine, le musée des Civilisations noires (MCN) et l'Académie africaine des langues (ACALAN-UA) de l'Union africaine.

1. Éditions Demopolis, Paris, 2014 (books.openedition.org).

1. Avec l'aide de Mamadou Ndour pour le seereer, Pascal Assine pour le jóola, Eblin Salomon pour le mandinka et Dieynaba Bathily pour le sooninke.

Depuis 2017, l'équipe travaille sur les notions de « communauté » et de « restitution » :
Notre démarche est simple et progressive : nous partons du partage du concept français, de sa compréhension la plus complète possible en variant les cas d'emplois. Ensuite, dans un deuxième temps, nous rapprochons le terme d'autres termes du même champ sémantique ou notionnel.
Enfin, dans un troisième temps, nous considérons, dans chacune des langues partie prenante, les équivalents du terme ou les néologismes que l'on peut créer pour « rendre » le concept.
Nous avons décidé de privilégier la recherche sur le mot « restitution » — mais aussi, logiquement, sur le mot « restituer » —, pour son actualité et sa complexité juridique et politique dans le cadre de la restitution patrimoniale, au vu des problèmes soulevés entre pays colonisateurs et pays anciennement colonisés, l'Afrique étant au cœur de ces derniers. On croise alors très souvent la notion de « réparation », en particulier de « réparation » mémorielle, selon les types et/ou les objets de la restitution.
Au sens où nous le comprenons, la restitution se définit ainsi comme le fait ou l'acte de remettre quelque chose à sa place, rendre quelque chose au propriétaire ou à l'ayant-droit. « Restituer », dans le dictionnaire français signifie aussi « 1. Rendre ce qui a été pris ou ce qui est possédé indument. 2. Rétablir, remettre en son premier état[1]… »
La restitution se distingue de la réparation, de la reconstitution, de la compensation, du dédommagement, de la réhabilitation, de

1. *Le Petit Larousse*, 2013.

la restauration, du retour, de la régularisation, du rapatriement… qui, tous, relèvent cependant du même environnement notionnel et du même champ sémantique.

Cette définition sommaire cache une complexité conceptuelle très ardue quand il s'agit de savoir si les biens patrimoniaux pris par les puissances coloniales aux pays colonisés sont à « restituer ». La notion draine en effet beaucoup de problèmes liés, sur les plans juridique, politique, méthodologique, voire financier, quant à sa mise en œuvre effective : Qui doit restituer ? Quoi ? À qui (État, communauté, individus…) ? Pourquoi ? Dans ou à quelles conditions ? S'agit-il de butins de guerre, de pillage, de vol, de cadeau, d'usurpation… ?

Dans son discours de Ouagadougou, le président Emmanuel Macron parle, non seulement de restitutions temporaires ou définitives, mais aussi de circulation des œuvres. En produisant un rapport devenu livre, *Restituer le patrimoine africain*, sur les spoliations, les translocations, etc., ainsi que sur les moyens et les modalités pratiques de la restitution du patrimoine africain encore prisonnier des musées européens, Felwine Sarr et Bénédicte Savoy[1] pensent qu'il est plus opérant de travailler et de mettre en œuvre la « solution transitoire », avant « un transfert définitif de propriété ». Cette relocalisation permettra de « ré-instituer » toutes les prérogatives autorisant *usus*, *fructus* et *abusus*, les trois attributs du droit de propriété. Tout se bonifie ainsi dans l'ordre du juridique, du symbolique, de l'éthique, du relationnel, de la trace, de l'histoire, de la mémoire…

1. F. Sarr, B. Savoy, *Restituer le patrimoine africain*, *op. cit.*

Du point de vue juridique (voir principe de « domanialité publique française », d'inaliénabilité, d'insaisissabilité, d'imprescriptibilité des objets muséaux), d'autres questions se posent. Qu'est-ce qui, de façon générale, peut faire l'objet de restitution patrimoniale : bien ou objet emprunté, prêté, échangé, volé, pillé, confisqué ?

S'y ajoutent d'autres questions : où restituer (dans un musée, un ministère, à une communauté, à un village, à une famille d'ayants-droit) ? Comment restituer (selon quelle[s] voie[s], quels canaux, quelles procédures) ? Quelle est la valeur actuelle dudit bien à restituer (valeur culturelle, cultuelle, monétaire…) ? Quelle est la légitimité, communautaire ou étatique, du processus de restitution ?…

Les auteurs de *Restituer le patrimoine africain* analysent à fond l'aspect juridique de la question. Leur ouvrage opte pour un processus apaisé, par la création d'une procédure *ad hoc* qui pourrait mener à une restitution définitive. Au lieu de « grouper », il faudra, dans le cadre d'une opération bilatérale, initier des actions et prendre des décisions de restitution au cas par cas. La coopération bilatérale sera le gage de l'échange. Cette procédure apaisée ne se limitera pas aux seuls objets de musée. L'accompagnement se fera aussi par une appropriation populaire et des lieux d'accueil de qualité, tels le musée des Civilisations noires de Dakar ou les lieux de culte au Cameroun.

Nous tentons ainsi de passer en revue tout ce qui peut faire l'objet de restitution ou de réhabilitation dans le domaine du patrimoine : a) le patrimoine matériel, qui se décline plutôt en termes de retour et de « relocalisation » ; b) le patrimoine immatériel,

qui se conçoit, dans ce contexte, plutôt en termes de « réhabilitation », « reconnaissance », « suppression/réadmission ».
Toutes ces questions et investigations conceptuelles ont été brassées par l'équipe de l'IFAN-Ch. A. Diop. La phase « équivalence en langues sénégalaises » est en cours, mais nous pouvons déjà citer quelques cas de rapprochements entre français et langues sénégalaises.

En pulaar-fulfulde, le verbe « restituer » qui donne le substantif restitution en français peut se rendre par de nombreux termes qui existent effectivement dans la langue et expriment diverses nuances. On peut citer :
– *weeɗtirde* (*weeɗ-* « donner » + — *t-* « itératif/réversif, équivalent de *re-* en français » + — *ir-* « instrumental/modal, substitut du bénéficiaire » + — *de* « marque de l'infinitif ») ou *ruttirde* (variante dialectale de même construction, même sens) : ici on est proche du sens de « redonner » au propriétaire ou à l'ayant-droit. Exemple : *Weeɗtir ko a jeyaa !* « Rends, restitue, ce qui ne t'appartient pas ! ». Dans ce premier cas, il s'agit de « rendre » un bien, un objet ou toute autre chose dont le « restituteur » se savait déjà non-propriétaire. Le caractère indu de la possession n'est pas mis en avant.
– *waɗtude*, toujours avec le réversif — *t-* (de *waɗ-* « faire, mettre », — *t-* « itératif/réversif » + — *ir-* + — *u-* « épenthétique » + — *de*) : ici nous avons l'idée de « *re*-faire », « *re*-stituer », « *re*-mettre à sa place »... Exemple : *Waɗtude huunde ɗo ɗum wonnoo* « Restituer, remettre, une chose là où elle était, à sa place ». Ici, c'est la localisation matérielle ou morale qui est mise en exergue. Ce qui est restitué est revenu à une place précise, déjà connue. Il s'agit de « combler un vide ».

– *artirde*, même construction que *weedtirde* (de *ar-* « venir », — *t-* « itératif/réversif » + — *ir-* + — *de*) « faire revenir ». Ici on se rapproche de « retour », « restauration », « remise en place », etc. Exemple : *Gujjo oo artirii ko o wujjunoo koo* « Le voleur a restitué, ramené, ce qu'il avait volé », etc. Ce dernier verbe du pulaar-fulfulde donne à l'acteur de la restitution une posture plus impersonnelle ; il peut ne pas être l'auteur de l'acte à réparer, mais tout simplement un médiateur ou un décideur.

En wolof, « restituer » peut se rendre par :
– *delloo* (rendre, restituer) qui peut être analysé en *dellu* : retourner + — *e* (suffixe verbal) : retourner à, vers.
On peut employer le mot *delloo* pour un objet ou un être animé volé, pillé, caché et n'appartenant pas à la personne qui fait l'action de rendre ou de restituer.
La notion de *delloo* peut être employée pour quelque chose de matériel, physique ou d'immatériel (moral), et peut avoir le sens de rendre, ramener (faire revenir).
Par exemple, au sens matériel ou physique :
Delloo na paaka bi : il a rendu le couteau (emprunté, confié, volé).
Delloo na ko weccitam : il lui a rendu sa monnaie (échange, commerce).
Delloo ko boroom ! : Ramène-le à son propriétaire ! (objet emprunté, confié, volé).
Delloo naa xale bi : J'ai ramené l'enfant (qui m'avait été confié ou non).
Au sens matériel et/ou moral :
delloo njukkal :

Sens 1 : remettre un cadeau en contre-don (en guise de remerciement pour un cadeau offert).
Sens 2 : rendre hommage (en paroles).

Comme en pulaar, ce qui est restitué a pour but de « ramener, remettre à sa place, combler un vide, réparer une erreur et même remercier ou rendre hommage ». Ainsi, la restitution pourrait être une occasion de rendre hommage, de remercier les Africains du silence qu'ils ont gardé pendant des siècles sur les spoliations de leur patrimoine et sur la présence de ce patrimoine dans les musées européens — une façon aussi de se faire pardonner.
delloosi : employé pour « restituer » avec un sens plus restreint qui insiste sur la présence de l'interlocuteur mais aussi sur le lieu. *delloosi* est formé du mot verbe *delloo* et du suffixe vénitif — *si*. Il signifie « faire revenir un être animé ou une chose au lieu d'où il/elle était parti/e ou auprès de celui/celle qu'il/elle avait quitté/e (qu'il/elle en soit le propriétaire direct ou indirect) ». Ce qui est restitué revient à une place précise, déjà connue, où l'interlocuteur est présent.
Quant au nom « restitution », il peut être rendu par *ndelloo g-* (restitution), la langue utilise ainsi une alternance consonantique *d-/nd-* pour passer du verbe au nom et *g-* est le classificateur de mot-nom *ndelloo*. Cependant la nominalisation du verbe ne peut se faire qu'avec *dello* et n'est pas possible avec *delloosi* qui est un verbe dérivé. On peut ainsi dire *ndello g-* (la restitution) mais non **ndellosi g-*. *dabu* est un autre mot qui peut être employé, mais dans le sens de « se rattraper » ou « rattraper (une erreur) » ; *dab* veut dire « rattraper quelqu'un qui t'a devancé », — *u* (suffixe réflexif).
Ce qui a été indiqué en pulaar et en wolof peut être valable pour toutes les autres langues parties prenantes. Un aperçu en est donné ci-dessous.

En seereer :
ɓoxot : rendre, restituer quelque chose appartenant à quelqu'un dans le but d'alléger un fardeau. Ce qu'on rend peut avoir été emprunté ou pris par force.
Pour nominaliser le concept, le seereer utilise le classificateur *a-* avec une alternance consonantique et le verbe *ɓoxot* devient un nom *a ƥoxot* restitution ».
dakin : rendre ou remettre à sa place, remettre à quelqu'un (de *dak* « faire un pas » et du suffixe *in* allatif « aller vers un lieu, vers une place »).

En jóola :
kalaañen : « rendre, restituer » ;
ka- (préfixe de classe), *laañ* (rad : retourner), — *en* (suffixe causatif).
En traduction littérale, *kalaañen* veut dire « faire retourner ».
En somme, *kalaañen* est utilisé pour exprimer l'action de restitution d'objets animés ou non, volés, pillés, cachés, confisqués, etc., par l'entité qui restitue ou rend.

En mandinka :
seyi : rendre, rentrer ; *seyindiroo* : retourner, rentrer.

En sooninke :
saaga/yila : restituer ; *saagande/yilande* : restitution.

Ces exemples montrent que la traduction des mots du patrimoine, du français aux langues africaines et même entre langues

> africaines, se fait par le biais de stratégies morphosyntaxiques très informatives et intéressantes à analyser. Le seul mot « restitution » analysé dans seulement six langues en est un bon exemple. Le premier constat est qu'il existe plusieurs « candidats » pour dire restitution dans une langue donnée et le choix auquel on va s'arrêter engagera la perception de la chose.
>
> La comparaison entre les diverses langues permet de mettre en évidence, à partir des « mêmes » notions certaines nuances dans les charges sémantiques. Il suffit de pénétrer le fonds lexical ou de se servir de la morphologie de la langue pour retrouver ou recréer des concepts. La communication interlangue sert alors de facilitateur. Dans un document plus fouillé, on pourrait aborder le cas de chacune des langues. Mais les cas du pulaar et du wolof sont déjà suffisamment illustratifs pour servir de vitrine à nos procédures de travail.
>
> En définitive, la restitution des biens patrimoniaux africains, que ce soit le retour d'un masque sénoufo au Burkina Faso ou la réhabilitation des langues nationales africaines comme langues de scolarisation, en passant par le réajustement des toponymes en langues africaines, procède toujours de la même valence sémantique, quels qu'en soient les contours juridico-politiques : remettre les pendules à l'heure.

Ce que l'on perçoit ici en premier lieu, c'est toute l'importance du mot qui sera choisi pour traduire *restitution*. La variété des termes possibles dans les langues africaines fait entendre à elle seule la complexité de la question. La restitution peut être pensée comme un « rends-moi ce que tu m'as pris », insistant sur l'appropriation, le pillage et l'indu, ou comme un geste commun impliquant accueil, voire excuse et partage. Nous pourrions, rien qu'avec les mots, décider en commun de partager la compréhension d'un objet lié à des usages, des valeurs et à une culture, à partir de sa biographie et de son périple.

Ce travail de linguiste confirme que la plupart des mots du patrimoine qui devraient être des mots repères fonctionnent comme des mots barrières enfermés dans le champ strict du patrimonial tel que conçu par les Occidentaux. Traduire les mots du patrimoine dans des langues autres montre combien, dans un grand nombre de cultures, le patrimonial frôle en permanence et en profondeur l'écologique, le social, l'économique, le politique. Là où la porosité devrait être de mise, on glisse sur des strates d'imperméabilité. Dans le respect de ce qui se dit en langues et entre les langues se joue la chance d'un dépassement sans anéantissement de la perception européenne du patrimonial. Voilà pourquoi il serait utile de convoquer un Bandung de la traduction pour un « non-alignement » du traduire.

Un tel Bandung de la traduction pourrait s'inspirer de la Commission Vérité et Réconciliation (CVR) en Afrique du Sud, inventée en 1993 pour éviter le bain de sang prévisible après l'apartheid. Elle a instauré une justice réparatrice en lieu et place d'une justice punitive. Elle s'est modelée sur le tag inscrit sur le mur de la maison qu'habitait Desmond Tutu lorsqu'il séjournait à Cape Town : *How to turn human wrongs into human rights* — phrase par excellence difficile à traduire : transformer les torts faits à l'homme, les erreurs de l'homme, les malheurs des hommes, en droits de l'homme, en pensées justes et en vie bonne —, en l'occurrence fabriquer le peuple arc-en-ciel.

Dans le cas des restitutions, comment sortir du piège colonial/postcolonial/ décolonial ? Pour faire éclater ce cadre, peut-être faut-il, toujours sur le modèle de la CVR, proposer un dispositif de parole. L'amnistie était définie comme « la liberté en échange de la vérité ». En vertu de ce dispositif, celui qui aurait eu intérêt à cacher ses agissements devant un tribunal ordinaire avait au contraire intérêt à parler, et même à tout dire (*full disclosure*), pour être amnistié. Avec l'amnistie, il ne s'agit pas alors de pardon ni de morale, mais de justice et de politique.

Quel serait l'équivalent dans le cadre des restitutions ? Peut-être une biographie exhaustive des objets pour autant qu'on la connaisse. Une telle biographie devrait non seulement dévoiler les conditions d'appropriation de l'objet, mais aussi traiter du manque et de l'absence, de la présence de cette absence (le réel, c'est ce qui manque à sa place, dit Lacan), des cicatrices et des séquelles, des remplois et des bénéfices ailleurs, autrement.

L'épilogue de la Constitution provisoire d'Afrique du Sud de 1993 propose de faire face à « un héritage de haine, de peur, de culpabilité et de vengeance » sur la base d'« un besoin de compréhension et non de vengeance, d'un besoin de réparation et non de représailles, d'un besoin d'*ubuntu* et non de victimisation[1] ». Concernant les restitutions, nous avons sans doute là aussi « besoin d'*ubuntu* et non de victimisation ». Certes, la colonisation n'est pas l'*apartheid*, et les restitutions ne sont pas des réparations. Mais il y va dans les deux cas de respect, jusques et y compris du respect des langues comme respect des singularités. La Commission Vérité

1. « L'adoption de cette Constitution pose la fondation solide sur laquelle le peuple d'Afrique du Sud transcendera les divisions et les luttes du passé qui ont engendré de graves violations des droits de l'homme, la transgression des principes d'humanité au cours de conflits violents et un héritage de haine, de peur, de culpabilité et de vengeance.

Nous pouvons maintenant y faire face, sur la base d'un besoin de compréhension et non de vengeance, d'un besoin de réparation et non de représailles, d'un besoin d'*ubuntu* et non de victimisation », cité dans *Vérité, réconciliation, réparation*, B. Cassin, O. Cayla, Ph.-J. Salazar (dir.), Seuil, 2004, p. 13.

et Réconciliation s'est tenue dans les onze langues nationales, et le mot zoulou *ubuntu* figurait comme tel dans toutes les versions de la Constitution provisoire. On le rend, plus mal que bien, par « réconciliation » ou par *fellowship*.

Une définition commune en donne pour sens « la qualité inhérente au fait d'être une personne parmi d'autres ». En swahili, on peut rapprocher le mot *ubuntu* du verbe *buni* qui signifie : « inventer, construire, mettre ensemble ». Au Bénin, le mot *ubuntu* est le nom d'un jeu pratiqué entre les enfants. Le but du jeu est d'arriver à entrer dans le cercle des autres participants. En zoulou, le terme *ubuntu* est presque intraduisible. Il est souvent lié au proverbe *Umuntu ngumuntu ngabantu*, signifiant approximativement : « Je suis ce que je suis parce que vous êtes ce que vous êtes » ou d'une manière plus littérale : « Je suis ce que je suis grâce à ce que nous sommes tous. » En d'autres termes, l'idée d'*ubuntu* est celle d'une incitation réciproque, d'un partage qui construit mutuellement les êtres[1].

---

1. A. T. G. Mafoua-Badinga, secrétaire général du Comité français pour l'Afrique du Sud, dans « L'importance du concept d'*ubuntu* dans la politique de réconciliation en Afrique du Sud » (www.comitefas.com).

Bref, c'est aujourd'hui le nom d'un logiciel libre…

Ainsi, si « la restitution » relève de ce que l'on appelle « les droits culturels », nous devons, pour avancer, ne plus penser la culture comme un en-soi mais comme quelque chose qui traverse tous les champs de l'activité humaine et irrigue tous les domaines, du commerce à l'industrie et l'urbanisme, en passant par l'écologie et le social. C'est ce que les trois dispositifs que nous expérimentons se proposent de faire.

Deuxième partie

Glossaires bilingues et hospitalité langagière

« L'homme qui parle deux langues vaut deux hommes. »

Slogan de campagne du parlementaire Demangeaux,
Louisiane, années 1960-1970

1. Changer le paradigme du traducteur

« Bonjour »

Le premier contact d'un étranger qui arrive en France est avec l'administration française. Dès ses premiers pas, il doit remplir de nombreux formulaires et se confronter à des questionnaires et à des textes-clés dans tous les domaines de l'éducation, de la santé, de la citoyenneté. Pour chaque démarche, il doit décliner son identité en remplissant les rubriques : civilité, nom, prénom, date de naissance, adresse, profession, situation de famille, etc., puis naviguer entre les vocabulaires spécialisés de chaque administration, via une profusion de sigles, depuis la CAF jusqu'aux impôts, en passant par la Sécu et les services juridiques des agences immobilières.

Les lieux d'accueil sont autant d'espaces où la compréhension des informations demandées et données est vitale. Quand on arrive, il faut comprendre les questions que l'on vous pose, et il faut que l'on comprenne vos réponses. Ce b.a.-ba de l'accueil est le premier pas de l'insertion dans la vie et la culture françaises. Et il ne suffit pas de comprendre « matériellement » les mots, traduits par un interprète, fût-il excellent linguiste. Il faut encore comprendre ce que les mots veulent dire, ce qu'ils impliquent dans une différence parfois inouïe entre les cultures, les habitudes de vie. Traduire, c'est comprendre et faire comprendre ce qui bloque la compréhension.

« Les différentes langues produisent des mondes différents dont elles sont les causes et les effets[1]. » La manière de dire « bonjour » en est un bon exemple. Quand on dit *salam* en arabe, *shalom* en hébreu, on ne dit pas tout à fait *bonjour* : on vous souhaite la paix. En grec ancien, on vous dirait *khaîre* : réjouis-toi, jouis. En Égypte, on dira *sabah el kheir* (« matin de bonheur »), ce à quoi vous pourrez répondre *sabah en nour* (« matin de lumière »), ou *sabah el warda* (« matin de rose »), ou *sabah el foul* (« plat national de fèves »), ou encore *sabah el thawra* (« matin de révolution »), comme dans les rues du Caire au printemps 2011. En Inde, on joint les mains à hauteur de la poitrine de son interlocuteur — les mains jointes au-dessus de la tête servent à saluer Dieu, et

1. B. Cassin, *Éloge de la traduction*, Paris, Fayard, 2016, p. 49.

à hauteur du visage à saluer un guide spirituel — en disant *namasté* (« je te salue ») ou *namaskar* qui a une signification plus religieuse (littéralement « je salue — ou je m'incline — devant votre forme », expression souvent traduite par « je salue le divin qui est en vous »). Dans les villages du centre et du nord de l'Inde on dira *Ram-Ram*, invocation au dieu Rama. La façon de dire *bonjour* ouvre chaque fois le monde d'une manière particulière.

Les langues de l'administration n'échappent pas à cette réalité. Elles expriment les valeurs fondamentales de la culture française ; elles sont multiples, tantôt juridiquement, tantôt socialement ou sociologiquement orientées. L'évolution, voire la transformation de leur vocabulaire traduisent les changements qui traversent nos politiques et notre société.

Voilà pourquoi les mots qui jalonnent les formulaires des administrations sont les premiers qui renvoient les nouveaux arrivants, dès leur arrivée sur le sol français, à leur « étrangeté ». Ce décalage livre aussi les fonctionnaires qui les accueillent au vertige insécurisant de différences culturelles auxquelles ils ne sont pas préparés. Quand l'étranger ne parle pas, ou parle mal, le français, à l'incompréhension s'ajoute la peur. Peur de celui qui arrive et peur de celui qui reçoit, tous deux figés dans une posture faite pour être fonctionnelle, mais peu propice à l'échange : l'un debout et l'autre assis derrière un guichet. On oublie alors que « hôte » est un terme réciproque.

Au poids d'un itinéraire souvent traumatisant, s'ajoute celui de la différence des langues : traduction trop souvent enfermée dans un *no man's land* culturel, bloquée par des « intraduisibles ». Il est urgent d'agir entre et avec les langues.

Quand « recherche participative » veut vraiment dire quelque chose

Deux expériences de recherche participative ont été pour nous décisives.

La première, organisée avec la complicité des acteurs de la Direction de la vie associative, de la citoyenneté et des relations internationales de la mairie d'Aubervilliers, réunissait les représentants du CCAS (Centre communal d'action sociale), des assistantes sociales (Service social), des représentants du Service démarches citoyennes, du Service prévention aide aux victimes et interventions publiques, de la Fabrique de santé. S'y étaient joints des représentants de la préfecture de Seine-Saint-Denis, de la Police nationale, et d'associations comme Épicéas (écrivains publics), SOS Solidarité, Solidarité Emploi d'Aubervilliers, Association franco-chinoise, Association franco-soninké Le'ed, ainsi que Les Souffleurs. Au constat de l'immense diversité des mondes, s'est ajouté celui de la nécessité de s'adresser en même temps à ceux qui arrivent et à ceux qui accueillent. Des évidences ont été bousculées. Ainsi, les agents de l'état civil ont compris pourquoi les Soninké sont « si souvent nés le 31 décembre ou le 1er janvier », et nous l'avons compris avec eux ! C'est en effet l'idée même de date de naissance qui pose problème, et pour plus d'une raison. Les Soninké se disent plutôt « nés vers » : date et mois restent secrets car il peut être dangereux de dévoiler le jour et le mois de sa naissance. Contraints par l'Administration de donner une date de naissance (jour/mois/année), beaucoup choisissent le 31 décembre ou le 1er janvier et une année approximative (par exemple 1/1/1985 ou bien : vers 1986). De leur côté, les services d'état civil mauritaniens, par exemple, inscrivent cette date pour simplifier la délivrance des actes de naissance, quand le demandeur ne la précise pas.

La seconde expérience s'est faite au Centre d'hébergement d'urgence Jean-Quarré, aujourd'hui Maison des réfugiés du boulevard Jourdan dans le 14e arrondissement de Paris. Elle a mis en évidence la complexité feuilletée de notre entreprise : la zone soninkophone recouvre en effet des cultures très diverses, de la Mauritanie au Sénégal, en passant par le Mali et la Guinée. Nous avons partagé simultanément la gaieté des participants qui parlaient entre eux pour la première fois de leurs différences et les mesuraient aux nôtres en suivant les premiers mots du glossaire. Un travail de passeur au sein d'une « pas tout à fait » même langue, qui en valorisant la culture de chacun excite la curiosité pour la culture de l'autre et enraye le processus d'exclusion.

Mettant à profit la démarche des savants-traducteurs des *Bayt al-hikma*, nous avons conjuré la peur en mobilisant les destinataires des glossaires, nouveaux-venus en France en même temps que personnels d'accueil, pour en faire des acteurs. Avec eux, nous avons identifié des mots apparemment les plus simples, qui relèvent pourtant des « intraduisibles » et sont en grande partie responsables des incompréhensions réciproques : nom, prénom, date de naissance, adresse, situation de famille. Explorer les zones de résistance de ces mots à la traduction et évaluer les gains et les pertes met en évidence les différences et permet de les utiliser, non plus comme des entraves à la communication, mais comme des richesses ouvrant sur d'autres cultures.

À titre d'exemple, les premiers mots des formulaires « nom », « prénom » constituent déjà une grave difficulté. Les noms et les prénoms ne remplissent pas partout les mêmes fonctions ; ils obéissent à des règles d'allocation ou de transmission qui disent des jeux hiérarchiques, personnels ou sociaux. Il y a des noms longs qu'il faut tronquer : il faut parfois enlever le prénom du père ou le nom du clan ou du village d'origine, décider de l'orthographe (comme pour Hussein, Hossein, Houssein, Hocine, Houcine, l'arabe ne marquant pas la voyelle brève) bref, choisir parmi tout ce qui est constitutif de l'enracinement d'une identité.

Vient la rubrique « situation de famille » : le périmètre de la famille peut varier de la « grande famille » à la « petite famille », le nom donné comme « nom du père » peut être celui de l'homme le plus ancien de la famille élargie et non celui du père des enfants, les statuts maritaux sont un casse-tête car les statuts marié, divorcé, pacsé, séparé, etc., n'existent pas comme tels partout dans le monde.

Même la date de naissance ne va pas de soi, on l'a vu, et d'autres échelles de temps peuvent exister. Celle de l'Hégire qui nous est la plus connue a ses propres variantes. Ainsi, un Iranien, pour donner sa date de naissance, doit se livrer à un calcul rapide car en France l'année commence le 1er janvier, c'est-à-dire, pour lui, le 10 ou le 11 du mois de Dey (selon que l'année est ou non bissextile). En Iran, l'année commence le 1er du mois de Farvardin, soit le 21 mars, jour de la fête de Norouz. Donc, de janvier à mars, il faut ajouter 622 pour avoir la date du calendrier grégorien et 621 de mars à décembre. Ainsi la date de naissance « 6 azar 1347 » correspond au

27 novembre 1968. Les mois sont calés sur le découpage zodiacal de l'année et le mois iranien commence le plus souvent le 21 du mois du calendrier grégorien. Le calendrier persan est un calendrier solaire en usage notamment en Iran et en Afghanistan. À noter que le calendrier iranien ne comporte pas d'année 0 et commence en l'an 1. Le 21/3/2003 correspond au 1/1/1382 « S », soit 1382 + 621 = 2003. « S » (Shamssi) est le signe pour indiquer les dates dans le calendrier solaire iranien.

Pour un Malien, un Sénégalais, un Mauritanien ou un Gambien parlant soninké, l'adoption du calendrier grégorien n'a pas résolu le problème culturel, d'autant que le calendrier hégirien est à présent en vigueur dans certains pays.

S'ajoutent souvent des difficultés d'ordre grammatical : nombre d'étrangers ont des difficultés à pratiquer la concordance des temps en français. L'absence de concordance des temps dans un récit fait à l'OFPRA ne désigne pas nécessairement un manque de cohérence. Il faut, par exemple, avoir en tête que le mot *boukra*, qui signifie « demain » en arabe dialectal, n'est pas à prendre au sens littéral et désigne le futur, à échéance plus ou moins longue. Il n'implique pas nécessairement un dilettantisme qui remettrait tel ou tel engagement aux « calendes grecques ». De même le *kal* hindi signifie hier et demain, comme *parsoun* signifie avant-hier et après-demain. À choisir selon le contexte.

De l'interprète au passeur

La définition d'un lemme d'entrée dans un glossaire bilingue de l'administration française se travaille et se précise au cours même du processus de traduction. C'est alors que peut s'imposer la nécessité de procéder à une piqûre de culture française pour les étrangers, et de culture étrangère pour les Français engagés dans le processus d'accueil. Cette méthode de travail et le choix des acteurs modifient le paradigme courant de la traduction. Il ne s'agit plus d'un travail de traducteur-interprète mais d'un travail de « passeur » qui met en évidence les zones d'intraduisibilité et les différences culturelles. Les traducteurs avec lesquels nous travaillons sont bel et bien des passeurs de culture, qui utilisent des moyens de traverse pour essayer de signaler comment c'est « *presque* la même chose[1] ». Tous ont une expérience migratoire : ils ont affronté les difficultés et les méandres des parcours administratifs, ils ont gardé le souvenir des inquiétudes, des doutes, des découragements face à l'incompréhension.

1. U. Eco, *Dire presque la même chose*, Le Livre de poche, 2010.

Avec les langues aussi, en cas d'« aporie », là où ça ne passe pas, ils passent quand même.

Le traducteur des glossaires ne s'attache pas à trouver les zones de consensus, de recouvrement des langues pour une intercompréhension fonctionnelle. Ce n'est pas davantage l'interprète expérimenté qui, le temps d'une conférence internationale, crée l'impression que nous parlons tous la même langue et pensons sans obstacle. Il n'est pas dans une posture de surfeur dont l'objectif est de rester sur la crête de la vague pour produire quelque chose comme un relevé de décisions — on sait bien que, quand la vague retombe, tout redevient comme avant, les décisions prises dans l'enthousiasme restent lettre morte. La traduction est un sport de combat plus qu'un sport de glisse.

En fin de compte, il s'agit tout simplement de respecter en traduisant les quatre piliers du concept de « droit culturel » : accessibilité, acceptabilité, adaptabilité et adéquation[1].

1. Ce concept de droit culturel traverse tant les glossaires bilingues de l'administration française que les travaux sur les banques culturelles, concept que nous explorons avec l'aide du Secrétariat général du ministère de la Culture.

2. « Acte » en langues

Prenons l'entrée « acte » dans les glossaires bilingues de l'administration française auxquels nous travaillons avec l'appui de la Direction de l'intégration et de l'accès à la nationalité (DIAN) du ministère de l'Intérieur, de la Délégation générale de la langue française et des langues de France (DGLFLF), de la Délégation interministérielle à l'accueil et à l'intégration des réfugiés (DIAIR), et avec l'aide des éditions Le Robert.

Notre guide de travail, notre colonne vertébrale, est *Le Petit Décodeur de l'Administration. Les mots de l'Administration en clair*[1]. Une commission de spécialistes et d'usagers a œuvré plusieurs années à la sélection des entrées et à la définition des termes, sous la direction de Dominique Le Fur. Nous avons ajouté, à la liste des mots alors sélectionnés, des mots qui nous semblent être les mots-clés de l'accueil en France, ainsi que les mots satellites qui permettent de contextualiser ce qui fait débat quand on aborde le difficile dossier des migrations. Pour l'instant, ils s'écrivent en français-arabe, français-persan, français-russe et français-soninké. Les mots retenus sont ceux qui

1. Le Robert, 2004, mise à jour 2006.

figurent dans tous les formulaires (Caisse d'allocations familiales, Sécurité sociale, aide au logement, impôts, OFPRA, etc.). Nous y ajoutons les mots et expressions récurrents dans le vocabulaire administratif et dans le vocabulaire sociopolitique du contexte migratoire. Outre les mots eux-mêmes, souvent déjà correctement « traduits » par les organismes et les associations d'aide aux migrants, nous proposons des « piqûres de culture », qui permettent de mesurer et de comprendre la distance entre la culture administrative française et la culture des pays d'origine. Dans les exemples ci-dessous, tirés du seul mot « Acte », le mot lui-même est d'abord traduit, puis on en donne sa définition et sa traduction. Les textes sur fond jaune sont les compléments d'information et de culture française destinés aux nouveaux arrivants ; ils sont donc traduits dans chacune des langues d'origine, et constituent une première initiation aux singularités de la culture française. Les textes encadrés sont les « piqûres de culture étrangère » destinées aux agents de l'Administration et aux membres des associations chargés de l'accueil, pour les alerter sur des différences lourdes de conséquences. Ils sont en langues de tous les jours, même si nous les faisons relire par des experts, juristes notamment.

En arabe

acte / **الشهادة ، البيان**

Document officiel.

الوثيقة الرسميّة .

❖ **de mariage** / **شهادة الزواج**

Document délivré par la mairie qui indique les noms, prénoms et dates de naissance des époux, la date du mariage et des informations sur le type de contrat passé entre les époux.

شهادة تُصدرها البلدية تُذكر فيها أسماء وألقاب المتزوّجين وتواريخ ميلادهما وزواجهما وأيضا كل المعلومات المتعلقة بنوع عقد الزواج بينهما .

En France, l'acte de mariage est un acte juridique de l'état civil établi à la mairie par un officier d'état civil en présence d'au moins 2 témoins majeurs. Le mariage religieux n'a pas de valeur administrative en France.

في فرنسا عقد الزواج هو صكّ قانونيّ لدى السجل المدني يُعدّه موظّف الأحوال المدنيّة في البلدية وفي حضور شاهدَيْن بالغيْن على الأقلّ . في فرنسا الزواج الدينيّ ليس له قيمة إداريّة .

❖ **de naissance** / **بيان الولادة ، إخراج قيد**

Document délivré par la mairie qui indique le jour, l'heure, le lieu de naissance, le sexe et les prénoms de l'enfant ainsi que les noms, prénoms, âges et adresses du père et de la mère.

شهادة تُصدرها البلدية يُذكر فيها يوم الميلاد وساعته ومكانه وجنس المولود وأسماؤه وأيضاً ألقاب وأسماء وأعمار وعناوين الأب والأم .

En France, l'acte de naissance est un acte juridique de l'état civil établi à la mairie par un officier d'état civil. La déclaration de

naissance à la mairie la plus proche du lieu de l'accouchement est obligatoire dans les cinq jours. Elle peut être faite par le père ou, à défaut, par tout autre personne ayant assisté à l'accouchement (médecins, sages-femmes, etc.).
En France, les actes de mariage et de naissance sont indispensables pour bénéficier des aides sociales, pour s'inscrire à l'école, passer des examens, voter, se marier, etc.
Pour les réfugiés, qui ne sont pas en possession de ces documents, l'OFPRA est compétent pour délivrer tous les documents d'état civil aux étrangers demandeurs d'asile, réfugiés ou apatrides (acte de mariage, acte de décès, acte de naissance). L'OFPRA établira un acte de naissance sur la base des documents d'identité et d'état civil établis dans le pays d'origine, ou à défaut, sur la base des déclarations orales du demandeur. Deux possibilités : se déplacer directement au guichet de l'OFPRA ou faire une demande en ligne. www.ofpra.gouv.fr/fr/detail/acte/acteNaissance/edit.html

في فرنسا ، بيان الولادة هو صك قانوني من السجل المدنيّ يُعدّه موظّف الأحوال المدنية في البلدية . التصريح بالولادة هو إجباريّ ويتمّ خلال الأيام الخمسة بعد الولادة في أقرب بلدية من مكان عملية الولادة ويقوم به الأب أو ، إذا تعذّر ذلك يقوم به أيّ شخص قد حضر الولادة (أطباء ، قابلات ... .)
في فرنسا ، شهادة الزواج وبيان الولادة ضروريّة للحصول على المساعدات الاجتماعية والتسجيل في المدرسة وأداء الامتحانات والتصويت والزواج إلخ .
في حال عدم وجود هذه الشهادات الأوفبرا مختصّ بإصدار كلّ شهادات الأحوال المدنية للأجانب الذين يطلبون اللجوء واللاجئين وعديمي الجنسية (شهادة الزواج ، شهادة الوفاة ، بيان الولادة) . سيقوم الأوفبرا بإعداد بيان الولادة الفرنسيّ معتمداً إما على وثائق الهوية والأحوال المدنيّة من البلد الأصليّ ، أوْ في حال عدم وجودها يعتمد الأوفبرا على بيانات الطالب الشفوية . هناك خياران : إمّا الذهاب إلى الأوفبرا أوْ القيام بطلب على الموقع : أوْ القيام بطلب على الموقع .

L'identité administrative existe au Liban dans des registres d'état civil. Elle est basée sur des registres religieux, le statut personnel des citoyens libanais étant régi par chacune des communautés auxquelles ils appartiennent. Ainsi, seuls les mariages religieux, chrétiens et musulmans sont autorisés et enregistrés auprès des tribunaux de chacune des 18 communautés reconnues. Néanmoins, l'État enregistre dans les fichiers d'état civil les unions civiles contractées à l'étranger. Cette reconnaissance de fait des unions civiles est possible grâce à un texte de loi datant de la période du mandat français sur la Syrie et le Liban qui reconnaît les mariages civils contractés à l'étranger et institue une » communauté de droit commun « aux côtés des communautés religieuses ou historiques reconnues par l'État.
Il en va de même en Syrie où le mariage civil n'était pas possible jusqu'à peu (2013 : premier mariage civil enregistré) ; il reste rare. De plus, en vertu de la Constitution, les Syriens suivent, en matière d'état civil, des lois globalement dérivées de la religion musulmane. Ainsi, les musulmans se rendent devant le tribunal religieux islamique, les chrétiens devant les Églises, et les druzes se réfèrent à leurs propres législations. Si bien que la religion régit non seulement la nature du mariage mais aussi l'héritage et le droit de la famille. En Syrie, lors du décès d'un parent, les filles héritent d'1 part et les fils de 2 parts. Dans le mariage religieux musulman, le mari s'engage à prendre la femme en charge en lui payant une dot et le divorce a lieu à la seule initiative du mari. Le droit du sol est applicable.
Pour les enfants nés à l'étranger dans un couple mixte, la nationalité libanaise ou syrienne est transmise par le père, mais ne l'est pas par la mère.

❖ **faire acte de candidature / ترشّح لـ**

Présenter sa candidature selon des modalités bien définies, généralement par écrit.

القيام بالترشّح وبحكم مصطلحات محددة جيداً ، تكون عادة مكتوبة .

❖ **prendre acte / سجّل ، اعترف**

Noter, constater officiellement. *Exemple :* Je prends acte de votre demande.

: أسجّل طلبك ، آخذ بعين سجّل ، أشعر ، لاحظ رسميّاً . مثلاً الاعتبار طلبك .

❖ **acter / وثّق أحيط علماً بـ**

Enregistrer, constater par écrit.

سجّل، وثّق كتابيّاً .

En persan

acte / سند، گواهی، تصدیق

Document officiel.

سند رسمی.

❖ **de mariage / سند ازدواج، عقد نامه، قباله ازدواج**

Document délivré par la mairie qui indique les noms, prénoms et dates de naissance des époux, la date du mariage et des informations sur le type de contrat passé entre les époux.

مدرکی که از جانب شهرداری صادر می‌شود و در آن نام، نام خانوادگی، تاریخ تولد زوجین، تاریخ ازدواج و شرایط مورد قبول هردوی آنها ذکر شده است.

En France, l'acte de mariage est un acte juridique de l'état civil établi à la mairie par un officier d'état civil en présence d'au moins 2 témoins majeurs. Le mariage religieux n'a pas de valeur administrative en France.

در فرانسه سند ازدواج سند حقوقی از ثبت‌احوال است که در شهرداری توسط یک مامور ثبت احوال در حضور

حداقل دو شاهد با سن قانونی صادر می‌شود. ازدواج مذهبی در فرانسه اعتبار اداری ندارد.

❖ **de naissance** / شناسنامه، گواهی تولد

Document délivré par la mairie qui indique le jour, l'heure, le lieu de naissance, le sexe et les prénoms de l'enfant ainsi que les noms, prénoms, âges et adresses du père et de la mère.

گواهی صادرشده توسط شهرداری که اطلاعات زیر را در بردارد: تاریخ، ساعت و محل تولد، جنسیت کودک، نام های کوچک او. در این گواهی همچنین اطلاعاتی از قبیل نام و نام‌خانوادگی والدین، تاریخ تولد و در نهایت نشانی آنها ذکر شده است.

En France, l'acte de naissance est un acte juridique de l'état civil établi à la mairie par un officier d'état civil. La déclaration de naissance à la mairie la plus proche du lieu de l'accouchement est obligatoire dans les cinq jours. Elle peut être faite par le père ou, à défaut, par tout autre personne ayant assisté à l'accouchement (médecins, sages-femmes, etc.).
En France, les actes de mariage et de naissance sont indispensables pour bénéficier des aides sociales, pour s'inscrire à l'école, passer des examens, voter, se marier, etc.
L'OFPRA est compétent pour délivrer tous les documents d'état civil aux demandeurs d'asile, réfugiés ou apatrides (acte de mariage, acte de décès, acte de naissance) qui ne sont pas en possession de ces documents. L'OFPRA établit un acte de naissance sur la base des documents d'identité et d'état civil établis dans le pays d'origine, ou à défaut, sur la base des déclarations orales du demandeur. La demande se fait en ligne. www.ofpra.gouv.fr/fr/detail/acte/acteNaissance/edit.html

در فرانسه گواهی تولد (معادل شناسنامه) یک مدرک حقوقی برای ثبت احوال است که در شهرداری توسط یک مأمور ثبت احوال صادر می‌شود. والدین موظفند طی یک فرصت پنج روزه پس از تولد فرزند، تولد او را به نزدیکترین شهرداری به محل زایمان اعلام کنند. این اقدام می‌تواند توسط پدر و یا در صورت

عدم حضور وی، توسط شاهدان زایمان (پزشک، ماما و ...) صورت بگیرد.
در فرانسه برای بهره‌مندی از کمک های اجتماعی (یارانه)، ثبت نام در مدرسه، گذراندن آزمون، رأی دادن، ازدواج و... داشتن گواهی ازدواج (سند ازدواج)، گواهی تولد (شناسنامه) ضروری است.
در صورت دارا نبودن این مدارک، پناهجویان می‌توانند با رجوع به افپرا، که صلاحیت صدور همه اسناد ثبت احوال برای خارجیان پناهجو، پناهنده و یا بدون‌تابعیت را دارد، برای دریافت مدارک مورد نیازشان (سند ازدواج، گواهی فوت، گواهی تولد) اقدام کنند. افپرا براساس مدارک تولد و شناسنامه و یا در صورت عدم برخورداری از مدارک مذکور براساس گفته‌های فرد درخواست‌کننده، مدرک تولد فرانسوی صادر می‌کند. در این صورت دو امکان وجود دارد: اقدام حضوری در گیشه افپرا و یا درخواست اینترنتی.

En Iran, les parents doivent immédiatement déclarer la naissance de l'enfant à l'Organisation de l'état civil ; ils reçoivent un livret, le *shenasnameh*, qui accompagne chaque Iranien tout au long de sa vie. Le *shenasnameh* est en même temps l'équivalent de la carte électorale en France et permet un suivi permanent de la vie citoyenne.
En Iran, le mariage est célébré par un notaire, assermenté auprès du pouvoir judiciaire, qui se déplace sur le lieu de la cérémonie pour enregistrer, dans un même temps, le mariage religieux chiite et le mariage civil et délivrer le « document/titre de mariage ».
Concernant les minorités religieuses reconnues par la Constitution (les 4 grandes écoles de l'islam sunnite, le zoroastrisme, l'église chrétienne assyrienne, l'église chrétienne arménienne et le judaïsme), les représentants de chaque communauté se chargent du mariage religieux qui doit également être inscrit auprès d'un notaire.

En Iran, la mariée peut demander que des conditions contractuelles supplémentaires à celles prévues par la loi soient notifiées dans l'acte de mariage pour anticiper et alléger un éventuel divorce.
Le mariage est régi par le principe de *mehrié*, sorte de dot que l'époux doit payer à l'épouse. La somme est traditionnellement fixée par compromis entre les mariés et leur famille ; dès la signature de l'acte de mariage, cette somme devient une créance immédiatement exigible si l'épouse en fait la demande à l'époux, et ce, même pendant le mariage. En cas de divorce, cette somme doit être immédiatement acquittée. De nombreux Iraniens sont en prison en raison de leur incapacité à payer la dot promise à leur épouse ou ex-épouse.

❖ **faire acte de candidature** / داوطلب شدن

Présenter sa candidature selon des modalités bien définies, généralement par écrit.

اعلام داوطلب شدن براساس روشهای مشخص و معمولاً به صورت کتبی.

❖ **prendre acte** / پذیرفتن، قبول کردن

Noter, constater officiellement. *Exemple :* Je prends acte de votre demande.

پذیرش رسمی یک درخواست، قبول کردن رسمی شرایط.

❖ **acter** / ثبت کردن ❖

Enregistrer, constater par écrit.

ثبت کتبی مطلب به صورت رسمی.

En russe

acte / свидетельство

Document officiel.

Официальный документ.

❖ **de mariage / свидетельство о заключении брака**

Document délivré par la mairie qui indique les noms, prénoms et dates de naissance des époux, la date du mariage et des informations sur le type de contrat passé entre les époux.

Официальный документ, выдаваемый мэрией, в котором указываются фамилии, имена и даты рождения супругов, а также дата заключения брака и информация о виде брачного договора.

En France, l'acte de mariage est un acte juridique de l'état civil établi à la mairie par un officier d'état civil en présence d'au moins 2 témoins majeurs. Le mariage religieux n'a pas de valeur administrative en France.

Во Франции свидетельство о заключении брака является правовым актом гражданского состояния, регистрируемым в мэрии в присутствии не менее 2 совершеннолетних свидетелей. Религиозный брак не имеет правового статуса и он может быть заключен только после официальной регистрации брачного союза в мэрии.

❖ **de naissance / свидетельство о рождении**

Document délivré par la mairie qui indique le jour, l'heure, le lieu de naissance, le sexe et les prénoms de l'enfant ainsi que les noms, prénoms, âges et adresses du père et de la mère.

Официальный документ, выдаваемый мэрией, в котором указываются день, час, место рождения, пол и имена ребенка, а также имена, фамилии, возраст и адреса родителей ребенка.

En France, l'acte de naissance est un acte juridique de l'état civil établi à la mairie par un officier d'état civil. La déclaration de naissance à la mairie la plus proche du lieu de l'accouchement est obligatoire dans les cinq jours. Elle peut être faite par le père ou, à défaut, par tout autre personne ayant assisté à l'accouchement (médecins, sages-femmes, etc.).
En France, les actes de mariage et de naissance sont indispensables pour bénéficier des aides sociales, pour s'inscrire à l'école, passer des examens, voter, se marier, etc.
L'OFPRA est compétent pour délivrer tous les documents d'état civil aux demandeurs d'asile, réfugiés ou apatrides (acte de mariage, acte de décès, acte de naissance) qui ne sont pas en possession de ces documents. L'OFPRA établit un acte de naissance sur la base des documents d'identité et d'état civil établis dans le pays d'origine, ou à défaut, sur la base des déclarations orales du demandeur. La demande d'extrait d'acte de naissance se fait en ligne. www.ofpra.gouv.fr/fr/detail/acte/acteNaissance/edit.html

Во Франции свидетельство о рождении является правовым актом гражданского состояния, составляемым по запросу отца (за отсутствием такового, любым другим лицом, присутствующим при его рождении (врачом, акушеркой и т.д.)) в течение пяти дней в ближайшей к месту рождения ребенка мэрии.

Во Франции, выписка из свидетельства о рождении (extrait d'acte de naissance) и других свидетельств призвана уточнить актуальный статус гражданского состояния (рождение, заключение или, расторжение брака, усыновление/удочерение, установление отцовства, перемена имени, смерть гражданина). В связи с этим при обращении в административные органы Франции зачастую необходимо предоставить недавнюю копию выписки (2-3 месяца). Во Франции данные официальные документы необходимы иностранцам для получения социальной помощи, поступления в школу, сдачи экзаменов, заключения брака и т.д.

Удостоверение личности и акты гражданского состояния лиц, находящихся под защитой Франции, выданные уполномоченными органами в стране происхождения, должны храниться во Французском управлении по защите беженцев и лиц без гражданства (Ofpra). При отсутствии оригинала свидетельства о рождении, Ofpra составляет французское свидетельство о рождении на основании устных показаний просителей убежища. В случае необходимости предоставления в государственные службы выписки из свидетельства о рождении, следует подать запрос в Ofpra в электронной форме.

Les Russes ne sont pas en mesure de fournir l'extrait d'acte de naissance de moins de trois mois parfois exigé par l'administration française ; ce document n'existe pas. En effet, tout citoyen de la Fédération de Russie et des autres États issus de l'éclatement de l'URSS (mis à part les 3 pays baltes) se voit remettre un acte de naissance unique, qu'il garde sa vie durant. En cas de perte, il peut demander un duplicata à l'administration en charge de l'État civil.

❖ **faire acte de candidature /**

выдвигать кандидатуру

Présenter sa candidature selon des modalités bien définies, généralement par écrit.

Заявлять о себе в качества кандидата, претендента на определенную позицию, в соответствии с четко определенными условиями.

❖ **prendre acte / принять к рассмотрению**

Noter, constater officiellement. *Exemple :* Je prends acte de votre demande.

Официально принять запрос, учесть. *Например*, ваш запрос принят к рассмотрению.

❖ **acter / официально зафиксировать**

Enregistrer, constater par écrit.

Зарегистрировать, письменно констатировать.

En soninké

acte / *kaayiti*

Document officiel.

Jamaanen kaayiti dabarinte.

❖ **de mariage / *yaxun kaayiti***

Document délivré par la mairie qui indique les noms, prénoms et dates de naissance des époux, la date du mariage et des informations sur le type de contrat passé entre les époux.

Kaayiti ya ni Meerin ga a dabarini yaxanlenmun filli da, i toxonun do i janmunun do i saare siinon ga a di, do i yaxun kootan do xibaaru beenu ga yaxu ke maxankutono.

En France, l'acte de mariage est un acte juridique de l'état civil établi à la mairie par un officier d'état civil en présence d'au moins 2 témoins majeurs. Le mariage religieux n'a pas de valeur administrative en France.

Faransi jamaanen di, yaxun kaayitin ni kiitikaayiti ya, meerin ga a dabarini seedaanu filli jon di, xirisu ga ni i ya. Diinan yaxu nta jaatene Faransi jamaanen sariyanun di.

Le mariage fait partie des fondements de la société soninké : il est le trait d'union entre les familles, les clans, les villages. En pays soninké, le mariage traditionnel reste fréquent, même si les grands rites se pratiquent de moins en moins fréquemment.

Les Soninkés vivant au Mali, en Mauritanie, en Gambie, au Sénégal, en Guinée, il est nécessaire de s'en remettre aux règlementations de l'état civil qui prévalent dans chacun de ces États.

Par exemple, au Mali, bon nombre de couples musulmans célèbrent deux mariages : l'un religieux, devant le ministre du culte et l'autre, civil, devant l'officier d'état civil. Depuis 2018, le mariage religieux obéit aux mêmes conditions que le mariage civil et est constaté par un imprimé-type devant comporter les sceaux de l'État, les signes du ministre du culte et les énonciations prévues à l'article 301 du nouveau Code des personnes et de la famille. Les Maliens mariés avant 2018 peuvent difficilement justifier leur mariage par un document. L'absence de document officiel ne signifie pas qu'il y ait célibat.

Au Sénégal, le législateur a réglementé le mariage autour de deux mesures : les futurs époux peuvent choisir la forme « moderne » du mariage célébré par l'officier d'état civil ou les formes traditionnelles du mariage. Le mariage coutumier doit alors être constaté par l'officier d'état civil.

Les codes civils maliens et sénégalais permettent la polygamie. Plusieurs pays, comme la Mauritanie, exigent le consentement des épouses existantes avant d'autoriser un homme à se marier à une nouvelle femme. Une loi de 2016 prohibe la polygamie en Guinée mais le futur mari peut, au moment de la célébration du mariage, avec l'accord explicite de sa future épouse, déclarer qu'il opte pour la polygamie. En France, ne sont déclarés qu'une seule épouse et ses enfants et, souvent, les enfants des co-épouses. Les épouses non déclarées deviennent adultes isolées et perdent, en France, leurs droits sur leurs enfants.

❖ de naissance / ***saare kaayiti***

Document délivré par la mairie qui indique le jour, l'heure, le lieu de naissance, le sexe et les prénoms de l'enfant ainsi que les noms, prénoms, âges et adresses du père et de la mère.

Kaayiti ya ni Meerin ga a dabarini deenandunben da, a saare kootan do a saare waxatin do a saare dingiran do a yugaaxu ma a yaxaraaxu, do a toxo (ma a toxonu), do a saaraanun toxonu, do i janmunu, do i saare siino, do i taaxu dingiran taagumansinden ga a noxon di.

En France, l'acte de naissance est un acte juridique établi à la mairie par un officier d'état civil. La déclaration de naissance à la mairie la plus proche du lieu de l'accouchement est obligatoire dans les cinq jours. Elle peut être faite par le père ou, à défaut, par tout autre personne ayant assisté à l'accouchement (médecins, sages-femmes, etc.).
En France, les actes de mariage et de naissance sont indispensables pour bénéficier des aides sociales, pour s'inscrire à l'école, passer des examens, voter, se marier, etc.
Pour les réfugiés, qui ne sont pas en possession de ces documents, l'OFPRA est compétent pour délivrer tous les documents d'état civil aux étrangers demandeurs d'asile, réfugiés ou apatrides (acte de mariage, acte de décès, acte de naissance). L'OFPRA établira un acte de naissance français sur la base des documents d'identité et d'état civil établis dans le pays d'origine, ou à défaut, sur la base des déclarations orales du demandeur. Deux possibilités : se déplacer directement au guichet de l'OFPRA ou faire une demande en ligne. www.ofpra.gouv.fr/fr/detail/acte/acteNaissance/edit.htm

Faransi jamaanen di, saare kaayitin ni kaayiti ya a ga dabarini (Meerin ŋa) ti sere sugandinte ya gelli Meerin seron ŋa. A wa waajibannaaxunu saarayen na tuwi Meeri be gan tinta saare dingiran ŋa bito karagi noxon di. Faabe, ma sere be tana su ga tawe saaraye ke ya (gelli jaarandaanun do saarandaanun ŋa), i ra wa saaraye ke tuwindini Meeri be tinten ga ni saare dingiran ŋa. Faransi jamaanen di, yaxun kaayitin do saare kaayitin ni

hataajinta fiinu ya kuudo nan kato fiinu dantanto kitta xo: deemandu, lekkolin roye, woote (sugandinde), yaxu, ken do i me xawara.
Ku kaayitinu fo wo fo ga nta moolaana be maxa (yaxi kaayiti, kalle kaayiti, saare kaayiti), a siyen wa OFPRA dan ŋa a ga i dabarini mukkunun dan ŋa moolaanu ga ni i ya ma jamantanŋu ga ni i ya. Ma OFPRA ga da Faransi jamaanen saare kaayiti dabari a biisinten ga a giri jamaanen kayitinun ŋa gelli a toxonun safe moxonun ŋa, ken ga ma kite xa, i na a toxonun safa xo a yinme ga da i ko moxo be ya biren be a ga ñi moole kaayitin muurunden rondini.
Moxonu filli wa a maxa a gan ra wa killu ku terana ti i ya: nan daga OFPRA kan ŋa, ma ken ga fe na a dabari Interineetin kanma adereesi ke be ga kanmun ŋa.

Malgré les dispositions des Codes de la famille (Mali, Sénégal, Mauritanie, etc.), le problème des enfants privés d'état civil persiste. Selon les statistiques de l'Agence nationale des statistiques et de la démographie du Sénégal, en 2015, près d'un quart des enfants (23,8 %) âgés de 1 à 9 ans ne possède ni bulletin de naissance, ni jugement supplétif, ce qui leur rend difficile l'accès à l'école, aux examens, aux soins.

Dans la plupart des pays soninkophones, la date de naissance est une affaire complexe. Nombreux sont les Maliens, les Mauritaniens qui disent être nés le 31 décembre vers l'année X. Dans leurs villages, ils sont nés l'année des sauterelles, l'année de la grande sécheresse, sans compter que donner tous les détails de sa naissance comporte le risque de vous rendre vulnérable aux mauvais sorts.

En Mauritanie, depuis janvier 2011, « l'enrôlement » (ensemble des procédures d'identification des individus) est obligatoire. Si la personne ne peut donner une date de naissance précise, l'administration indique le 31 décembre de l'année X, date qui ne correspond pas nécessairement à la date de naissance réelle du citoyen.

Il faut noter qu'il en est de même pour les Français dont l'acte de naissance ne fait état que de l'année de naissance. « Le Service central d'état civil propose à ce dernier de la compléter selon les indications fournies par lui à condition qu'elles soient justifiées. À défaut, il est indiqué dans l'acte une date de naissance fixée, en règle générale, au 31 décembre de l'année considérée, afin de faciliter les démarches ultérieures de l'intéressé. Le 31 décembre, c'est en effet la date de naissance retenue par ladite instruction plutôt que celle du 1er janvier parfois prise en compte auparavant. » : précision apportée par l'instruction générale du 2 novembre 2004.
www.etat- civil.legibase.fr

❖ faire acte de candidature / ***xiimandi kaayiti***

Présenter sa candidature selon des modalités bien définies, généralement par écrit.
Xiimandi kaayitin roye.

❖ prendre acte / ***duŋayi ragaye***

Noter, constater officiellement. *Exemple :* Je prends acte de votre demande.
Tontonde, duŋayi bangante.

❖ acter / ***tontonde***

Enregistrer, constater par écrit.
Safandi sawunde, seedannaaxu ti safanden ŋa.

Quand on lit cette entrée « acte » dans les quatre langues, on comprend que ce sont les décalages qui nous intéressent, et que nous les traitons « entre » et « avec » les langues et les cultures.

3. Chemin faisant

Du papier au numérique et à l'audiovisuel

• UN SITE INTERNET DÉDIÉ

Ces glossaires de l'administration française, qui seront publiés format papier par les éditions Le Robert, ont vocation à se poursuivre, s'élargir et s'actualiser sur un site Internet dédié. En les confectionnant, nous constatons combien le vocabulaire administratif, témoin et marqueur objectif des évolutions d'une société et de ses valeurs, aborde des savoirs indispensables à une compréhension réciproque. Ce que nous appelons « piqûres de culture » ou « clignotants » n'a d'autre fonction que d'attirer l'attention sur les difficultés complémentaires des arrivants et des accueillants. Le site permettra d'engranger des récits d'expériences, des témoignages assortis de documents visuels et sonores, et d'avancer dans la connaissance d'une culture autre.

L'actualité mouvante des dispositions et des lois qui déterminent en France et en Europe les conditions d'accueil et de vie des exilés, les rapides évolutions des différents dispositifs rendent impérative une actualisation régulière des glossaires pour qu'ils restent fonctionnels.

Ce sera évidemment l'un des objectifs constants du site Internet.

- DES APPLICATIONS POUR TÉLÉPHONES PORTABLES

On comprend l'intérêt de pouvoir expliquer dans sa langue au nouvel arrivant en France comment remplir au mieux les premiers formulaires : moins d'erreurs, moins de stress, voire d'agacement, gain de temps, donc plus de place à une curieuse bienveillance. Des applications orales sont particulièrement utiles dans le cas de langues qui restent plus parlées qu'écrites, ou de langues qui, comme l'arabe, donnent lieu à de nombreux dialectes correspondant à des cultures spécifiques.

- DES SÉRIES DE PASTILLES AUDIOVISUELLES : NOM/PRÉNOM

« On est susceptible avec son nom. On a grandi avec lui comme avec sa peau », note Freud[1]. Une pastille de deux minutes suffit pour donner à voir au grand public la diversité des façons de dire son identité et lui faire découvrir les difficultés que rencontrent les nouveaux venus face au traditionnel « nom/prénom » qui ouvre tout formulaire.

L'administration française aplanit les jeux hiérarchiques, familiaux, personnels, symboliques pour ne

1. S. Freud, *L'Interprétation des rêves*, Paris, PUF, 1967, p. 184.

garder qu'un couple à traiter de façon identique dans tous les rouages des administrations.

On imagine l'embarras d'un Africain appartenant à un système où il se définit non seulement par ses prénoms, patronymes, titres, surnoms, pseudonymes et sobriquets mais encore par des notions sans équivalent exact dans notre société comme les noms d'honneur, les noms de rang et les noms secrets, chacun étant fonctionnel dans des circonstances précises : il n'est pas simple pour lui de choisir les deux mots qui définiront son identité dans le pays qui l'accueille. Il va de soi qu'aucune traduction ne saura rendre compte de ces subtilités et que le nom et le prénom qu'il choisira d'indiquer sur le formulaire correspondront à une perte sociale et culturelle, voire à un sentiment d'amputation traumatisant.

« Mme Ilayathamby » ?

Geetha Ganapathy-Doré présente le cas des réfugiés sri lankais qui déposent leur demande d'asile auprès de l'Office français de protection des réfugiés (OFPRA) et se trouvent immédiatement confrontés au casse-tête de l'identification nom/prénom. Son texte montre à quel point il est difficile de trouver une solution satisfaisante :

Habituée à la transmission héréditaire des noms de famille, l'administration de l'OFPRA est déroutée devant cet apparent manque de cohérence du système de désignation tamoule et se trouve contrainte de mettre au point une méthode *ad hoc* pour fixer l'identité de ces personnes pour les besoins de la gestion, tout en sachant qu'elle devra « faire avec » les données qu'elle possède sans pouvoir introduire un changement radical en l'absence d'un cadre juridique adéquat.
Prenons le cas de quelqu'un, se présentant à l'OFPRA, qui s'appelle I. Namasivayam, c'est-à-dire Ilayathamby Namasivayam (prénom du père + prénom de l'individu). L'OFPRA lui propose de garder son prénom comme nouveau nom de famille. Du coup, le prénom de son père (son initial marqueur généalogique) devient son propre prénom. [...] Si l'OFPRA retenait le prénom de son père comme son nom de famille, dans le système français son épouse porterait le nom de Mme Ilayathamby, ce qui correspond au nom de sa mère dans le système tamoul. On voit tout de suite les problèmes psychologiques et sociologiques que cela aurait engendrés. D'une part, cette appellation prend une coloration incestueuse ; d'autre part, dotée d'un tel nom, son épouse devient celle de son père au lieu d'être la sienne ! Le choix de l'OFPRA de garder le prénom de la personne comme nom de famille semble donc

judicieux surtout pour les personnes mariées. D'ailleurs, en retenant son propre prénom comme son nom de famille, il le transmet comme marqueur généalogique à ses enfants selon la coutume tamoule. Pour cette personne qui a été modelée par la culture tamoule, il s'agit d'un héritage symbolique important à transmettre. Les enfants de la même personne élevés dans la société française auront surement moins de mal, quant à eux, à assimiler le système patronymique. Mais il faut se rappeler que les réfugiés tamouls du Sri Lanka se trouvent sur le sol français précisément à cause de l'insécurite qu'ils subissent chez eux en raison de leur appartenance ethnique. Leur structure sociale (matrilinéaire) et leur appartenance religieuse (hindoue avec un culte prépondérant de la déesse mère) ne les prédisposent pas à ce virage patrilinéaire. Pour le moment, ils acceptent de fixer leur nom pour des raisons pratiques. Mais ils ressentent ce changement comme une perte d'identité. Comme il est donc difficile de bien faire !

Source : « Dénomination et identité : le cas de la diaspora tamoule en France », *Hommes et Migrations*, n° 1162-1163, février-mars 1993.

Les mots de la santé

Le domaine de la santé est particulièrement affecté par les conséquences des incompréhensions dues aux différences de cultures. Nombre d'institutions et de professionnels se mobilisent pour réduire l'asymétrie entre un usager étranger isolé et un soignant qui intervient au sein d'une institution collective, puissante, balisée par des protocoles élaborés de longue date pour normaliser la relation soignant-soigné. Comment favoriser un degré de communication suffisant pour soigner ? « L'interprétariat linguistique s'inscrit dans l'ambition de la Haute Autorité de Santé de garantir à chacun des soins de qualité » (articles D. 1110-6 et L.1110-13 articles L. 1110-13 du Code de la Santé publique, 2017). La présence d'un interprète- traducteur-passeur aux côtés d'un patient allophone permet une pratique des soins plus respectueuse des droits du patient. La relation soignant-soigné devient *de facto* triangulaire : c'est donc à trois qu'il faut concevoir arrangements et bricolages entre les logiques de là-bas et celles d'ici, entre plusieurs façons de dire et de vivre le corps, la douleur, la maladie, la peur, la mort, et à trois qu'il faut concevoir des glossaires bilingues. On n'interroge pas alors le seul contexte culturel du patient, mais aussi celui des acteurs de la chaîne de soins, qui souvent ne sont pas conscients d'avoir eux-mêmes un « contexte culturel », dont le cadre administratif et réglementaire fait partie. L'espace même d'un hôpital, son l'architecture et son agencement peuvent ajouter au désarroi d'un patient.

Marie-Caroline Saglio Yatzimirsky, psychologue clinicienne, décrit ainsi certaines consultations à l'hôpital Avicenne :

> Souvent, les premières consultations sont un franc malentendu, les patients cherchant le médecin ou l'assistante sociale derrière le psychologue. La distance entre le patient et moi est d'autant plus importante qu'elle est codifiée par des modalités de présentation et d'accueil propres à la médecine occidentale. La proposition du psychologue qui demande à un inconnu de lui parler de ses difficultés risque de se révéler incongrue ou invasive dans une autre culture. [...] Les corps qui se délient dans l'espace de la consultation apprennent à respecter les barrières culturelles de l'intime. La distance respective est gardienne de toute effraction de l'autre. C'est une conception étrangère à des cultures où l'interrelation se manifeste aussi dans les corps sentis, approchés[1].

1. *La voix de ceux qui crient*, Paris, Albin Michel, 2018, p. 146.

C'est pourquoi, à l'Institut hospitalier de psychanalyse de l'hôpital Sainte-Anne, tout près du quartier chinois, certaines consultations se font, au moins aussi, en chinois, une langue que pratiquent ou qu'apprennent des chefs de service, assistés de médecins et de stagiaires chinois ou sinisants[1]. On rêve en chinois.

Les mots des repères spatiaux et de la mobilité

L'arrivée dans un pays étranger est associée au choc de la différence des langues et à celui, plus difficile à verbaliser, de la déambulation dans un espace nouveau, opaque et étranger où les repères habituels, culturels, sensoriels, formels ne fonctionnent plus. Les couleurs, les lumières, les formes rondes ou rectangulaires, courbes ou droites, les bruits, les odeurs, l'assignation des lieux, l'organisation de l'espace urbain ou villageois, tout a changé ! Avec quels outils l'appréhender ? La terre d'accueil est perçue, en premier lieu, comme une terre d'exil pour les demandeurs d'asile qui, après un périple traumatisant, vont s'engager dans un parcours

1. B. Cassin, F. Gorog, *Psychanalyser en langues. Psychanalyse et langue chinoise*, Demopolis, 2016.

administratif, nouvelle errance dans des territoires où ils n'ont ni ancrage ni lieu.

Nous essayons, avec le collectif Aman Iwan, plateforme de collecte de références, d'images, de citations, de projets, de lieux, et le laboratoire Architecture Urbanisme Société (AUSser), d'imaginer un glossaire qui servirait de boite à outils dans la représentation des espaces, pour évaluer les chocs physiques et culturels, mais aussi les possibles zones de contact et de dialogue. Il comprendra tant les mots pour dire l'espace que des récits et des cartographies mentales et sensibles.

Feda Wardak, l'un des membres fondateurs d'Aman Iwan, aime à citer ce proverbe de l'archipel du Vanuatu :

> Tout homme est tiraillé entre deux besoins. Le besoin de la Pirogue, c'est-à-dire du voyage, de l'arrachement à soi-même, et le besoin de l'Arbre, c'est-à-dire de l'enracinement, de l'identité. Les hommes errent constamment entre ces deux besoins en cédant tantôt à l'un, tantôt à l'autre jusqu'au jour où ils comprennent que c'est avec l'Arbre qu'on fabrique la Pirogue.

Nous nous trouvons face à une réalité mouvante : celle d'une langue de la migration qui s'invente tous les jours, entre migrants d'un même pays, migrants d'origines diverses, et personnels du premier accueil. Glissements d'une langue à l'autre, emprunts et stratégies multilingues, appropriation d'acronymes, détournements de sens.

« Numéro 4 » ? C'est le centre d'accueil au bout du métro parisien direction Clignancourt…

Troisième partie

Les banques culturelles

1. Pour un réseau international de banques culturelles et solidaires

Admettons que l'on soit accueilli. Après l'accueil, il faut quelque chose de difficile à nommer : « intégration », « insertion », « installation », « participation » : il s'agit en tout cas d'un « entre » et d'un « avec ».

Pour trouver sa place au sein d'une communauté, il faut généralement pouvoir travailler, gagner de l'argent. Dans un article « Êtes-vous prêts à vous déséconomiser[1] ? », Bruno Latour s'interroge sur les enseignements de la pandémie à laquelle le monde fait face et de la lutte menée pour en enrayer les effets. Quelque chose ne va pas dans la vision largement partagée d'une économie condamnée à avancer vers des « plus » mal identifiés, plus d'argent,

1. *A.O.C.*, 1er juin 2020.

plus d'abondance, plus de santé, plus d'éducation, plus de loisirs… Confinement, déconfinement et reconfinement nous ont confirmé que « les humains entretiennent entre eux et avec les choses dans lesquelles ils s'insèrent une multitude de relations qui mobilisent une gamme extraordinairement large de passions, d'affects, de savoir-faire, de techniques et d'inventions ». Latour ajoute que la plupart des sociétés humaines « n'ont pas de terme unifié pour rendre compte de cette multitude de relations » qui sont « coextensives à la vie même ». Le terme d'« économisation » souligne « ce travail de formatage pour éviter de le confondre avec la multitude des relations nécessaires à la continuation de la vie ».

La période de lutte contre le virus a fait prendre conscience qu'il n'existe pas de grands et de petits métiers, mais nombre de fonctions et d'outils nécessaires à la subsistance des êtres vivants dans le respect d'une nature mise à mal par le changement climatique. Cette liste s'allonge chaque jour pour répondre à des besoins nouveaux non couverts par les « métiers » traditionnels. Comment ces nouveaux métiers pourraient-ils s'enraciner et se développer dans des écosystèmes culturels durables favorisant l'intercompréhension et l'invention ?

Il est une expérience menée en Afrique de l'Ouest à laquelle nous avons souhaité nous intéresser, avec ses initiateurs et acteurs africains : celle des banques culturelles. Les banques culturelles sont des « dispositifs » où la richesse patrimoniale des villages est conservée et valorisée pour fabriquer de la cohésion sociale (du « entre ») en promouvant le développement économique d'un territoire (de l'« avec »). La question que pose Maisons de la sagesse-Traduire est précisément celle de la traduction de cette expérience ici et maintenant, « chez nous » — une traduction, pour une fois, « Sud-Nord ». Nous ne sommes pas dans une démarche d'observation ethnographique, mais dans une réflexion conjointe qui éclaire, comme dans la démarche des intraduisibles, ce qui permet d'avancer ensemble.

Nous avons, avec les sept banques culturelles existantes, toutes en Afrique de l'Ouest, et en lien avec des scientifiques de diverses disciplines, des créateurs, des représentants d'ONG et de la société civile, lancé une réflexion commune sur ce modèle « à hauteur d'homme » : peut-être pourrait-il aider à tracer au Nord des voies pour interroger notre monde rural, urbain et métropolitain tout en consolidant des acquis engrangés au Sud. Nous nous efforçons à présent de construire un Réseau international de banques culturelles solidaires, en échappant à la logique unidirectionnelle qui a longtemps présidé au rapport France-Afrique.

2. Les banques culturelles africaines

Aldiouma Yattara, conservateur, ancien directeur du musée de Gao et coordinateur de notre association en Afrique de l'Ouest, lors d'un séminaire organisé en 2012 par le ministère français des Affaires étrangères, « Les musées entre enjeux identitaires et enjeux économiques », présentait le contexte dans lequel les banques culturelles virent le jour au Mali. Les populations sont acculées par la pauvreté à vendre leurs objets personnels à des collectionneurs ou à des trafiquants d'art : les banques culturelles permettent d'enrayer ce mouvement. Elles déplacent la problématique de la bonne ou mauvaise reproduction-adaptation des musées occidentaux :

> Au Mali, une expérience innovante, associant des professionnels de musées, du patrimoine culturel et des communautés villageoises, offre une réelle piste d'espoir : c'est le principe des banques culturelles qui donne la responsabilité aux communautés villageoises de prendre en charge, la conservation, la diffusion et la promotion de leur patrimoine culturel en le mettant à l'abri dans un musée de village plutôt que de le brader à vil prix à des collectionneurs ou à des touristes de passage. Que faire alors concrètement

pour que les musées africains soient de véritables outils au service de la société et de son développement ? En contrepartie du dépôt de leurs objets culturels de valeur dans leurs propres musées locaux, conçus et réalisés par elles-mêmes, les communautés perçoivent des prêts d'argent leur permettant de s'engager dans des activités génératrices de revenus afin de lutter contre la pauvreté et, de surcroit, améliorer leurs conditions de vie et de travail.

Fin 2020, il existe sept banques culturelles en Afrique de l'Ouest : la première, créée en 1997 à Fombori, au Mali, a été suivie de trois autres en 2003 (Kola, Dégnékoro et Dimbal), puis en 2011, de la Banque culturelle Koutammakou au Togo, en 2012 de la Banque culturelle Taneka au Bénin, et en 2017 de la Banque culturelle de Télimélé en Guinée.

Les fonds de départ ont été donnés par la Banque mondiale, puis par des ONG, des fondations internationales et un Fonds de solidarité prioritaire (FSP « Les musées au service du développement ») du ministère français des Affaires étrangères. En 2014, la Banque culturelle Taneka au Bénin a reçu le prix de la fondation Paul K. Feyerabend et, en 2015, les banques culturelles du Mali ont reçu le prix de la fondation Chirac et de la fondation Culture & Diversité.

Les trois composantes d'une banque culturelle

Le principe de la banque culturelle est très simple : tout habitant qui dépose un objet avec son histoire dans le musée du village reçoit, en contrepartie, un prêt d'argent afin d'entreprendre une activité génératrice de revenus. Nouvelle forme muséale conjuguant patrimoine et développement, la banque culturelle intègre dans un même concept trois composantes indispensables à sa création et à sa pérennité : un musée villageois, un centre de microcrédit et un centre de formation et de culture. D'où cette appellation de « banque culturelle[1] ».

- UN MUSÉE VILLAGEOIS

Le musée sert de lieu de collecte, de conservation et d'exposition d'objets appartenant à des individus ou groupes d'individus habitant le village et ses environs. Les objets et leurs biographies sont inventoriés et documentés avant d'être enregistrés dans la collection du musée local et exposés. Ils continuent à appartenir à leurs propriétaires après leur dépôt au

1. Voir D. Keita *et al.*, *Guide de la banque culturelle*, Bamako, Banque mondiale, 2005.

musée et ceux-ci peuvent s'en servir chaque fois qu'ils le souhaitent.

Les fiches d'objet

Chaque objet est inventorié et documenté par trois fiches et figure dans un registre d'inventaire. C'est ce que recommandent les organismes internationaux afin de pouvoir suivre et récupérer un objet volé.

1. La fiche catalogue : ce document fournit l'information de base concernant la nature de l'objet : sa classification, sa description, son propriétaire, les matériaux de fabrication, la date de collecte, etc. Cette fiche comprend aussi la photo ou le dessin de l'objet en question.

2. La fiche historique : ce document donne en détail l'histoire de l'objet, il essaie de répondre aux questions « Qui, quoi, quand, où, pourquoi et comment » relatives à l'objet. Le propriétaire de celui-ci doit répondre aux questions de base. Un poids est attribué à chacune d'elles, certaines ayant plus de valeur que d'autres. La valeur du prêt est ensuite déterminée par le nombre de questions auxquelles des réponses ont été fournies par le propriétaire. Quatre questions « bonus » peuvent augmenter la valeur de l'objet.

3. La fiche de prêt : c'est le document qui sert de contrat entre le propriétaire et la banque culturelle. Il reprend

le montant du prêt qui a été accordé au propriétaire et rappelle que, dans le cas où le prêt n'est pas remboursé, l'objet devient la propriété de la banque culturelle. Au bas du document, il y a un reçu qui est remis au propriétaire qu'il informe de la date de remboursement du prêt et du montant à rembourser.

Le propriétaire peut reprendre son objet après le remboursement du prêt ou le laisser au musée pour bénéficier d'un second prêt. Certains propriétaires décident de laisser leur objet sans contrepartie parce qu'ils ont l'assurance que le musée de la banque culturelle le protège du vol, lui assure une meilleure conservation, et que la possibilité de l'emprunter le temps d'une cérémonie, par exemple, leur est garantie. Le taux de l'emprunt est de 3 % par mois et la pénalité de 250 CFA par mois s'il y a retard (soit environ 0,50 euro). Dans certaines banques, les remboursements de crédit sont ritualisés et se font en public lors de l'assemblée générale. C'est une affaire qui concerne l'ensemble de la communauté.

4. Le registre d'inventaire : c'est un document dans lequel on enregistre, par ordre chronologique, tous les objets acceptés dans la collection de la banque culturelle. Ce registre est relié, cartonné, paginé et doit être écrit à l'encre indélébile. Chaque page est composée de sept rubriques organisées en autant de colonnes. Celles-ci portent les entêtes suivants :

Le numéro d'ordre ;
Le numéro d'inventaire ;
Le nom de l'objet ;
La description sommaire de l'objet ;
La provenance ;
Acquisition (mode, reçu de, date) ;
Observation.

Source : D. Keita *et al.*, *Guide de la banque culturelle*, 2005.

Les fiches d'un objet sont alimentées par des entretiens avec celui qui l'apporte. Mais l'ensemble de ces fiches ne constitue pas pour autant un véritable « récit d'objet », une biographie qui retrace la vie de l'objet en même temps que celle de son ou de ses propriétaires. Or c'est cela qu'il importerait aussi de pouvoir transmettre.

L'un des problèmes est que ces entretiens se font en langue locale, sans enregistrement — en pays dogon, par exemple, existe une dizaine de dialectes auxquels s'ajoute *le sigi-so*, la langue secrète utilisée lors des cérémonies où sortent les masques. Or, ces entretiens sont traduits immédiatement au fur et à mesure qu'ils se déroulent, et sont donc consignés en français dans les fiches. La traduction entraîne une perte de sens : difficile de mettre des mots français sur des objets dont les usages ou les fonctions symboliques n'existent pas ailleurs que sur les territoires de la banque. Certes, sur les frontispices des bâtiments qui abritent les banques culturelles, « Banque culturelle » figure en français, suivi de sa traduction dans la langue locale. Mais les populations locales non francophones n'ont plus accès à la documentation sur leur patrimoine.

- UNE CAISSE VILLAGEOISE

Cette caisse applique un système de microcrédit. L'objet culturel sert de garantie pour obtenir un prêt à faible taux d'intérêt. La valeur et l'importance de celui-ci ne sont pas déterminées par sa valeur esthétique mais par sa valeur historique et culturelle estimée sur la base de l'histoire de l'objet racontée par le client. Un protocole d'accord de prêt est ensuite établi entre le propriétaire de l'objet et les autorités de la banque culturelle. Il ne s'agit donc pas de vendre ou d'acheter les biens culturels, mais d'assurer leur maintien dans leur contexte habituel au profit de toute la communauté. L'héritage culturel n'est ni à vendre ni à acheter. Les prêts ne sont octroyés que pour des projets de développement visant à réduire la pauvreté. La banque culturelle n'est pas une association d'entraide à la manière d'une tontine, mais un outil de cohésion sociale.

• UN CENTRE DE FORMATION ET DE CULTURE

Il se présente sous la forme d'un espace à l'intérieur du musée : il sert de lieu de rencontre pour la poursuite des activités socioculturelles et économiques des populations rurales, ainsi que d'espace dédié à la diversification de la production artisanale et l'amélioration de la qualité des produits. S'y déroulent des ateliers de formation et de perfectionnement : amélioration de compétences techniques, formation aux principes de gestion d'une micro-entreprise et sessions d'alphabétisation. Les formations se font dans les langues locales.

Cet ensemble, remarquons-le, est prioritairement utile aux femmes, qui peuvent ainsi devenir plus indépendantes. On prendra pour exemple telle Togolaise qui dépose une jarre pour emprunter une dizaine d'euros qui lui permet d'acheter quelques poules, puis de lancer un commerce d'œufs qu'elle apprend à gérer.

La gouvernance d'une banque culturelle

Regarder de plus près la manière dont fonctionne une banque culturelle africaine nous enseigne d'abord ceci : les acteurs et les bénéficiaires ne font qu'un.

Nous choisissons d'entrer dans les détails, car ils montrent comment les obstacles et les difficultés ont été anticipés.

La banque culturelle est gérée par une association villageoise reconnue officiellement et régie par des textes (statuts et règlement intérieur). L'association se compose de plusieurs instances : l'assemblée générale, le comité de gestion, le comité de crédit, le comité des sages et les commissions. La gestion de la banque culturelle répond aux principes démocratiques de base où la voix de chaque villageois est prise en compte. Tous, à l'exception de l'administrateur, sont des bénévoles qui participent à l'entretien des bâtiments et à l'animation de la banque culturelle.

1. *L'assemblée générale* est l'instance suprême. Elle est composée de tous les habitants du village. Son approbation est obligatoire pour les décisions concernant la banque culturelle et aucune action ne doit être entreprise sans son accord préalable. Elle est l'interlocutrice principale de l'équipe d'encadrement technique.

2. *Le comité de gestion* est l'organe exécutif de l'institution. Composé des représentants du village élus en assemblée générale, il doit être représentatif de l'ensemble des couches sociales (vieux, jeunes, hommes et femmes). Il élabore le programme d'activités qu'il soumet à l'assemblée et il est chargé de l'exécuter. Il collabore avec l'équipe d'encadrement qui peut l'appuyer si besoin est.

Le comité rend compte régulièrement à l'assemblée du bilan financier et de l'évolution des activités.

3. *Le comité de crédit* gère les opérations d'octroi et de remboursement des prêts. Il est le régulateur de toutes les activités financières de l'institution, maintient à jour les documents comptables et rend régulièrement compte à l'assemblée générale. Les intérêts des emprunts reviennent à la caisse de microcrédit.

4. *Le comité des sages* s'occupe de la gestion des litiges et des conflits. Il veille au respect des normes traditionnelles et des règles de déontologie dans toutes les activités de la banque culturelle.

5. *Les commissions* : elles conseillent et supervisent le comité de gestion dans l'exécution des tâches qui lui sont assignées. Chacune doit compter au moins un membre du comité de gestion.

Les prêts sont sollicités pour développer des activités agricoles ou artisanales : achat de bétail pour augmenter un troupeau, acquisition d'une Mobylette pour acheminer des denrées alimentaires vers le marché, de teinture pour production de textiles, achat d'un outil pour faciliter une production artisanale. Les intérêts versés restent à la banque culturelle et sont réinvestis dans d'autres prêts, dans l'entretien de la banque culturelle, et parfois, comme en 2012, dans des frais de surveillance pour éviter les enlèvements d'enfants ou les exactions perpétrées par des groupes armés.

Deux exemples : en pays dogon, en pays taneka

• LA BANQUE CULTURELLE DE FOMBORI, AU MALI[1]

Le village de Fombori, situé à 5 km au sud de Douenza, en pays dogon, rassemble des populations dogons et peulhs qui vivent essentiellement de l'agriculture, de l'élevage et du commerce. Quarante-quatre villages participent à la banque culturelle. Fombori est situé dans une zone sensible très affectée par les mouvements sporadiques (luttes interethniques et présence de groupes armés djihadistes) qui entretiennent, depuis 2012, tensions entre communautés et insécurité. La banque culturelle y joue un rôle important pour le maintien de la cohésion sociale.

En 2013 (la situation actuelle dans cette partie du Mali n'a pas permis d'actualiser les chiffres), la banque culturelle hébergeait 1 072 objets répartis dans trois salles d'exposition, 957 microcrédits avaient été accordés à 1 855 personnes ou groupes de personnes.

1. Elle fut créée en 1997 par Alou Hama Cissé qui l'anima avec une énergie à toute épreuve jusqu'en mars 2021.

Banque culturelle de Fombori, nord du Mali

La première salle, dite « salle historique », est exclusivement réservée à l'histoire dogon. On y trouve des objets ethnographiques retraçant la vie dans les falaises de Bandiagara, des Tellem aux Dogons.

La deuxième salle, dite « salle des parures », présente les objets qui retracent la vie et le rôle des femmes dans la société dogon ainsi que leurs parures.

La troisième salle, dite « salle transculturelle », offre aux visiteurs des objets des diverses ethnies qui peuplent le pays dogon, notamment des objets touareg destinés à la chasse et à la vie quotidienne. Les objets sont identifiés et présentés par des étiquettes et un animateur propose une visite commentée.

L'intitulé de ces trois salles ne peut pas ne pas nous faire réfléchir : toute l'histoire des conflits, ethnies, frontières y est à la fois assourdie et mise en lumière. La banque culturelle est un lieu où l'on peut se rencontrer et se parler sans armes.

Les deux dernières salles servent, l'une de boutique pour la vente de produits artisanaux ; l'autre abrite les archives, les ateliers de formation (sculpture, poterie, teinture, savonnerie...) et les cours d'alphabétisation.

La banque culturelle accueille aussi une troupe théâtrale, des animations artistiques et culturelles ; elle organise pour les touristes des visites en pays tellem et dogon, mais ces activités sont fortement impactées depuis 2012 par l'insécurité qui règne au nord du Mali.

Témoignages

Quelques témoignages d'acteurs-emprunteurs des Banques culturelles de Fombori et de Dimbal (commune rurale d'une trentaine de villages et hameaux soit environ 22 000 habitants), proche de Mopti, ont été recueillis par Alou Cissé, directeur de la Banque de Fombori, qui effectuait une mission dans les trois autres banques du Mali :
Je m'appelle M. A : Je suis de Fombori et mariée à Fombori. J'achetais un ou deux sacs de mil pour les revendre mais avec le prêt d'un

objet de grande valeur, j'ai emprunté et remboursé régulièrement à la banque pour louer un camion qui me permet de transporter 5 à 6 tonnes pour le marché hebdomadaire.
O. A. : *Je suis âgé de 65 ans. Je promenais avec moi une ou deux bêtes appartenant à des gens pour les vendre et remettre l'argent à leurs propriétaires. Dieu merci, j'ai fini par acheter et vendre pour moi-même, depuis que j'ai commencé à avoir des prêts à la banque culturelle grâce à mon couteau personnel dont le métal est noble.*
H. O. : *J'ai déposé un « Fétiche » à la banque culturelle et ai obtenu un prêt collectif pour notre association : nous l'utilisons pour payer la semence pour développer l'activité maraichère sur notre périmètre irrigué. Nous récoltons des oignons, tomates, salades, choux… Nous les vendons pour rembourser les prêts et leurs intérêts et reversons le reste des revenus de la vente dans la caisse de notre association. Puis, je renouvelle le prêt pour payer d'autres semences.*
B. N. témoigne : *Grâce aux intérêts générés par la banque culturelle, je me rappelle bien que la Banque culturelle de Fombori a payé l'intégralité des impôts des habitants de Fombori en 2004 en proie aux difficultés engendrées par la terrible invasion des criquets.*
À Dimbal, S. se félicite de l'existence de la banque culturelle qui lui a permis de faire face à une situation rendue difficile par la perte de son bœuf de labour à l'approche de l'hivernage : *J'ai cherché un crédit dans le village, je ne l'ai pas obtenu. Je suis parti à la banque culturelle avec un vieil objet de mon père et j'ai reçu le prêt pour acheter un bœuf de labour. Dieu merci, j'ai fait une bonne récolte et vendu deux sacs. J'ai pu rembourser le prêt avec l'intérêt et j'ai encore chez moi le bœuf.*

- LA BANQUE CULTURELLE TANEKA, AU BÉNIN

Située dans la commune de Copargo, dans le département de la Donga, la Banque culturelle du pays taneka a été créée le 12 mars 2012. Elle concerne tous les habitants du pays taneka, soit environ 52 000 habitants. Le musée abrite un millier d'objets (instruments de musique, parures, objets rituels, objets du quotidien, vêtements de cérémonie, pierres taillées, armes de chasse, défenses et restes d'animaux). Le Centre de culture et de formation accueille une dizaine d'associations qui interviennent dans le domaine de la santé, de la gestion des ressources locales, de la musique, et trois coopératives de femmes (l'association Gbamba qui regroupe des potières, l'association Sourron Navra qui rassemble les transformatrices du beurre de karité et l'association Sourron Wê Déhou pour les agricultrices). La banque culturelle suit et coordonne l'implantation d'un jardin botanique d'une superficie d'environ 10 hectares, à Tchouchouhou (Taneka Béri), pour conserver et valoriser les plantes et les savoirs traditionnels et anime un projet pédagogique « Mon musée à l'école ».

Le pays taneka est célèbre pour l'originalité et la variété de ses traditions musicales et la qualité de ses instruments de percussion. Nombre de propriétaires déposent leurs instruments au musée de la banque culturelle en échange d'un microcrédit et les empruntent le temps des festivités et cérémonies.

Voici, par exemple, la fiche relative à l'un de ces instruments, un tamtam (*gangangou* en langue taneka), rédigée par Alassane Zoumarou, directeur de la Banque culturelle Taneka :

La fiche d'un *gangangou*

Objet : inventorié n° 068/01/01/01/05/2011
Matière de fabrication : bois creux, couvert aux deux extrémités par la peau de bœuf tenue par les tendons de l'animal, la surface latérale est couverte par un tissu traditionnel.
Il est percuté ou joué pendant toutes les occasions festives ou funéraires (baptême, mariage, funérailles, circoncision des adultes, travaux collectifs). Chaque occasion correspond à un rythme. Il sert également à communiquer, c'est-à-dire à passer un message ou à dire une louange.
Propriétaire : Ancêtre Zoumarou, sexe masculin
Héritier : Sakibou Zoumarou, devenu héritier principal. Benjamin de toute la famille, incarnation de l'ancêtre Zoumarou, né avec toutes les aptitudes du percussionniste sans avoir été initié à jouer et à utiliser les expressions rythmiques de l'ancêtre Zoumarou. Dans un souci de transmission, de façon unanime, la famille a décidé, en 1983, de laisser main libre à Sakibou Zoumarou. Avant lui, l'héritier du gangangou était son père, Bassaou Zoumarou.
De façon générale, pour l'héritage d'un instrument de musique, on prend en compte deux cas : le décès de l'héritier ou l'inaptitude de l'héritier à mettre en valeur l'instrument, c'est-à-dire de le percuter au moment opportun. L'apprentissage des sons et des rythmes liés à un instrument de musique traditionnel s'exerce

toujours dans le cercle familial appartenant au clan autorisé à l'utiliser ; l'héritier enseigne à ses progénitures de sexe masculin. Quel que soit l'âge de l'héritier ou la maîtrise de l'instrument par celui-ci, l'instrument demeure une propriété collective, donc inaliénable.

L'instrument de musique a pour rôle d'apaiser les cœurs stressés grâce à l'émission de trames sonores, de rythmes ou de messages. Il sert à communiquer et à informer.

Le gangangou accompagne plus particulièrement :

– les travaux collectifs : les sons libérés sont rapides, sonores et stimulants. Ils ne sont pas associés aux chants, mais, avec les flutes, évoquent des éloges du lever au coucher du soleil.

– les funérailles : lors des funérailles, le percussionniste bat l'instrument de façon lente et invariable pendant les 72 heures qui suivent le décès. Le troisième jour juste après le diner, tous les percussionnistes sont invités dans la maison mortuaire pour le *Sé beni*, une célébration grand public qui se déroule la nuit : le rythme reste cadré sur deux cadences, *Bésé-sam* et *Kompa-sam*.

Alassane Zoumarou poursuit en parlant de manière plus générale du rapport très singulier entre l'objet de la banque culturelle et son propriétaire :

Un objet déposé dans la banque culturelle ne signifie pas sa perte par son porteur. Le déposant reste le propriétaire légitime de son bien. Il peut venir chercher son objet le nombre de fois qu'il désire et à tout moment. Un objet retiré est immédiatement remplacé par un autre, pris dans la réserve, et s'inscrivant dans le thème de l'exposition. La banque culturelle protège et promeut les valeurs communautaires. La société taneka dispose des artisans qui continuent au quotidien à fabriquer des tamtams de toutes formes et de toutes tailles. Ce sont des instruments de musique traditionnelle.

Un dispositif qui n'a pas essaimé

Les banques culturelles constituent un véritable opérateur régional. Chacune tient à ce que son fonctionnement reste autonome, en phase avec les spécificités de son territoire. Le système de microcrédit fonctionne avec un taux de remboursement de plus de 80 %, les musées accueillent de plus en plus d'objets et d'histoires d'objets. Malgré ce succès, elles sont en permanence confrontées à des problèmes de moyens : impossibilité de financer les matériaux nécessaires à l'entretien des bâtiments construits en terre (comme en témoignent les dégâts considérables subis par la banque de Kola lors d'une saison des pluies très virulente), manque de matériels appropriés pour la conservation, la restauration et la valorisation des objets, manque de moyens logistiques pour assurer les déplacements entre les villages, faire venir les écoles. S'y ajoute, dans le cas du Mali, l'émergence d'une nouvelle pauvreté liée à l'insécurité qui impacte tous les actes de la vie quotidienne.

Alors que se multiplient les projets de création de musées en Afrique, ainsi que les colloques et rencontres pour répondre à la question « Quels musées pour l'Afrique ? », les banques culturelles ne suscitent guère de réflexions ni d'analyses. Elles fonctionnent, pourtant pour certaines, depuis plus de vingt ans, et leurs acteurs s'accordent à reconnaître leurs effets positifs sur la vie locale : meilleure entente entre communautés, entre générations, création d'emplois, réduction de la pauvreté, insertion sociale et professionnelle des femmes, alphabétisation, échanges culturels.

Comment expliquer ce silence, ce désintérêt des pouvoirs publics et de la communauté internationale, alors que les banques culturelles apportent des réponses concrètes aux questions, soulevées par l'Icom, l'Africom, l'Unesco et les institutions européennes, sur la culture comme moteur du développement, la lutte contre le trafic illicite de biens culturels, la valorisation des patrimoines naturels et culturels avec et pour les populations locales ou *local communities* ? La carte et la brochure « Passeport patrimoine » publiées en 1993 (Unesco, Direction du patrimoine du Mali et CRATerre), dont l'objectif était de fournir des informations détaillées sur la localisation et l'importance des biens culturels des régions nord du Mali et de sensibiliser les forces armées à la nécessité de protéger les sites, ne mentionnaient même pas les banques culturelles.

Avec l'aide de la Banque mondiale, Daouda Keita a coordonné la publication, en 2005, d'un *Guide de la banque culturelle* basé sur les expériences au Mali, et Moussa Coulibaly, Robert Coulibaly et Sefa Coulibaly ont publié en 2004 *Gestion du microcrédit : manuel du formateur*, tous ces ouvrages disponibles sur Internet.

En France, les banques culturelles ont suscité peu de travaux, à l'exception des contributions du muséologue Yves Girault[1] ainsi que l'ouvrage de la sociologue des relations internationales Mathilde Le Loup[2].

Est-ce la modestie même de ces structures qui joue contre elles ? Un musée de village, un musée communautaire a-t-il moins de valeur qu'un musée national, et trop peu de visibilité politique et médiatique ? À moins qu'une banque culturelle ne soit un réservoir d'identités régionales menaçant la construction d'une identité nationale ?

1. « Des premiers musées africains aux banques culturelles » dans F. Mairesse, *Nouvelles Tendances de la muséologie*, Paris, La Documentation française, 2016 ; et « Instrumentalisations politiques et développementalistes du patrimoine culturel africain » avec I. Brianso, *Études de communication*, n° 42, 2014.

2. *Les Banques culturelles*, L'Harmattan, 2016.

Après vingt ans de fonctionnement ces questions restent d'actualité, et se retrouvent, *mutatis mutandis*, dans la question des restitutions.

3. Polliniser la relation culture-économie

Ni tout à fait une banque...

L'hybridation des mécanismes sociaux, culturels, économiques, mise en œuvre par une banque culturelle a suscité, au Mali même, des débats contradictoires quand il a fallu trouver un mot pour désigner le nouvel équipement. Musée, banque, centre culturel, centre de microcrédit ? Aucun de ces mots ne convenait. C'est ainsi que surgit l'expression « banque culturelle » dont l'ambiguïté même séduisit les acteurs du projet. Ni musée, ni banque, mais l'un interrogeant indéfiniment l'autre. Le modèle économique des banques culturelles n'oppose pas culture et argent : culture et développement économique y vont de pair. La banque culturelle fait bouger l'idée de banque et l'idée de musée.

Une banque culturelle n'est pas une banque. Déjà en 2013, lors d'une rencontre des responsables des sept banques culturelles à l'École du patrimoine africain de

Porto Novo, Planet Finance avait suggéré de regrouper les sept centres de microcrédit en un seul centre plus puissant. Suggestion immédiatement rejetée : « Ça va ressembler à une banque, nous ne déciderons plus du bien-fondé des projets à développer, nous ne pourrons plus faire fonctionner notre centre de formation et il ne nous restera que notre musée qui ne sera rien d'autre qu'un musée. » Deux éléments paraissent donc essentiels : l'ancrage dans un territoire, en sorte que les populations locales, les acteurs, décident des actions à soutenir. Et, d'autre part, l'hybridation banque-musée.

Dans une banque ordinaire si mutualisée soit-elle, quand on parle de « valeur », il s'agit de valeur marchande. Et quand on accorde un crédit, il est fonction des capacités de remboursement ou de la valeur marchande de l'objet gagé.

Dans une banque culturelle, la valeur de l'objet n'est pas d'abord sa valeur marchande. L'objet n'est pas dissocié de sa valeur symbolique, culturelle, comme on voudra l'appeler. Il ne s'arrête d'ailleurs pas à lui-même puisqu'il n'est pas dissocié de son récit. Le dépôt d'un objet (patrimoine matériel) associé à son récit (patrimoine immatériel) sert de garantie bancaire. Il faut repenser l'idée de valeur.

La distinction entre la valeur « matérielle » et la valeur « immatérielle », telles que définies par la Convention de l'Unesco de 2003 pour la sauvegarde du patrimoine culturel immatériel, ne fonctionne plus. Marie Cornu conclut ainsi un article intitulé « À qui appartient le patrimoine immatériel ? » : « Le patrimoine immatériel est un patrimoine communautaire, expression qui doit être entendue au sens large. C'est dans son rapport au groupe que le patrimoine se révèle, perspective inédite dans ce champ du droit du patrimoine[1]. »

L'objet déposé à la banque culturelle et son histoire font partie de la même enveloppe : ils sont agrégés et institués comme patrimoine par les représentants de la communauté qui gère la banque culturelle. C'est pourquoi ils peuvent servir de garantie bancaire.

Mais que se passe-t-il quand le propriétaire de l'objet le récupère au terme du prêt ? Récupère-t-il aussi l'histoire de son objet, ou appartient-elle encore à la banque ? Cette question de l'articulation des valeurs d'un objet et de sa biographie dans le contrat de microcrédit se complexifie encore quand le candidat à l'emprunt dépose un

1. *Le Patrimoine culturel immatériel au seuil des sciences sociales*, Actes du colloque de Cerisy de septembre 2012, J. Scergo, C. Hottin et P. Schmit (dir.), en ligne éd. MSH, 2020, p. 255.

savoir-faire, une chanson, un récit de morceau de vie : recette de cuisine pour l'une, témoignage d'une carrière ouvrière chez ArcelorMittal pour l'autre et technique agricole pour un autre encore.

L'objet matériel mis en gage aurait-il le prix de sa valeur marchande, alors que l'histoire de cet objet, qui fait partie du gage, donnerait lieu à des droits d'auteur ou à des droits voisins ? À qui faudrait-il créditer ces derniers ? À la communauté que représente la banque culturelle, ou au propriétaire de l'objet ? Il va de soi que ces questions, dans leur raffinement juridique, se posent aussi en France.

… ni tout à fait un musée

La banque culturelle se présente comme une expérience muséographique qui interroge le modèle du musée tel qu'il a été arrêté aux XIXe et XXe siècles par les pays occidentaux, à l'heure où une remise en cause interne est entamée, notamment à la suite du rapport sur la question des restitutions. Elle interroge non moins les musées africains, qu'il s'agisse des musées de type occidental ou des musées privés, et les traditions africaines de monstration des biens patrimoniaux, des cases-musées aux cérémonies d'exposition. Il ne faut pas oublier que « à l'époque coloniale, créer ou soutenir la fondation d'un musée était le plus souvent, pour les détenteurs des pouvoirs traditionnels, une façon d'affirmer leur autorité face aux puissances coloniales[1] ». En 1922, le sultan Njoya créait à l'intérieur du palais royal de Foumban le premier musée camerounais :

> Deux raisons l'y ont poussé : la conversion du royaume à l'islam et sa position face à l'administration française. L'adoption de l'islam [...] entraîna l'abandon de nombreuses pratiques liées au cérémonial de la cour. Beaucoup d'emblèmes royaux perdirent leur signification et certaines fêtes furent abandonnées [...]. La création d'un musée bamoun était une façon d'affirmer, face à l'administration française, son autorité en tant que détenteur des pouvoirs traditionnels[2].

Aujourd'hui, la Banque culturelle de Dégnékoro au Mali dispose d'une salle pour conserver les objets secrets que seuls leurs propriétaires et quelques initiés ont le droit de voir. Elle s'inscrit ainsi dans le tissu social local en endossant le rôle de la case où les objets sacrés sont habituellement conservés : il s'agit de les préserver des regards

---

1. M. de Sabran, « La “Maison du pays”, L'exposition du patrimoine dans les musées privés d'Afrique de l'Ouest et du Cameroun », dans *Cahiers d'études africaines : Prélever, exhiber. La mise en musées*, vol. 39, n° 155-156, 1999, p. 885-890, ici p. 886-887.

2. *Ibid.*

et de conserver leur fonction sociale plus que leur valeur historique et esthétique. Un objet détérioré est remplacé par le groupe et le nouvel objet est réinvesti des qualités du précédent : c'est l'esprit de l'objet qui est protégé de même que les gestes de l'artisan qui saura lui redonner vie.

La partie d'une banque culturelle dite « musée » par commodité ne remplit pas les missions traditionnelles des musées : acquérir, conserver, transmettre, donner du plaisir. Il ne s'agit pas vraiment d'un musée, pas plus que la « banque » n'est tout à fait une banque. L'objectif n'est pas d'acquérir des objets pour constituer des collections ni de contribuer à la constitution d'une identité régionale ou nationale. Les objets viennent à la banque culturelle au gré des besoins des prêteurs-emprunteurs, ils ne sont là que de passage puisqu'elle n'en devient pas propriétaire ; ils restent indissolublement liés à leur histoire et à celle des familles auxquelles ils appartiennent. La mémoire des communautés villageoises y est à l'œuvre dans ses processus de perte, d'enrichissement et de transformation.

L'objet montré dans une banque culturelle cristallise deux étapes non dissociables qui lui donnent son sens : celle de sa biographie et celle de la résonance avec les objets exposés à ses côtés. À la différence des objets de musée, il n'en est qu'à sa première sortie : il sort pour la première fois de son contexte familial, territorial. Il n'a pas encore migré et ne s'est pas chargé au cours de ses périples des multiples sens projetés sur lui par ses acquéreurs, collectionneurs, conservateurs et publics.

Le temps de l'emprunt, il rejoint la salle ou la table où sont exposés les objets classés par thèmes : objets de guerre, objets rituels, objets domestiques, parures, ou salle historique, salle transculturelle… : il est simplement exposé et proposé aux regards des habitants des communautés alentour, des enfants des écoles, éventuellement des touristes. Il reste porteur de son histoire et devient symbole de la création d'une nouvelle entreprise génératrice de revenus. Les trois composantes de l'objet (l'objet lui-même, sa biographie, la promesse de développement qu'il incarne) favorisent des discussions entre les habitants des communautés villageoises, chaque histoire personnelle résonnant avec d'autres.

La banque culturelle échappe au dilemme qui préoccupe nombre de musées : dérive esthétisante, ou virage sociétal avec ouverture à des fonctions extra-muséales, comme débats de société, ateliers d'art, concerts[1]. L'objet

1. Voir la conférence de Ch. Bromberger, le 17 juillet 2017, au Mucem de Marseille.

et son histoire apportés à la banque culturelle n'ont pas été soumis à l'épreuve de leur valeur marchande ; la question de leur beauté, de leur rareté ou de leur ancienneté ne se pose pas ; il ne s'agit pas non plus d'enrichir une collection muséale. L'objet est là comme témoin de la vie d'un individu qui, grâce à lui, peut se projeter dans un avenir professionnel.

De fait, la partie « musée » d'une banque culturelle ressemble plus à une galerie qui présente de façon temporaire, à l'image des coupes stratigraphiques des archéologues, une coupe qui raconte l'histoire d'un territoire et d'une société à un moment précis : la photographie d'une société en train de se faire.

4. Traduire les banques culturelles en français : un travail Sud-Nord

Le Lego de base

La construction d'une banque culturelle repose sur quatre piliers, objet/récit/projet/microcrédit : un Lego de base mis en œuvre par ceux-là mêmes qui en sont les bénéficiaires. Le lien avec le territoire n'est jamais rompu et la banque culturelle évolue comme la société dans laquelle elle s'est inscrite. Des premières expériences, brutes de décoffrage, nous ont fait percevoir de manière immédiate les différences entre les pièces du Lego en Afrique de l'Ouest et en France, et la différence dans la manière de les assembler. Elles se sont déroulées dans deux lieux de passage et de métissage privilégiés : Marseille et Aubervilliers.

Des expériences, des parrains, des blocages, des inventions

- A MARSEILLE

Le projet banque culturelle est né dans le sillage de l'exposition « Après Babel, traduire » qui s'est tenue au Mucem de décembre 2016 à mars 2017.

Pour donner une suite concrète à cette exposition, nous avons imaginé à la Friche Belle de Mai (5 octobre 2017) une expérience-pilote avec l'Association pour le droit à l'initiative économique (ADIE), organisme de microcrédit, avec Generik Vapeur, compagnie de théâtre de rue, et le collectif Lieux Fictifs, espace d'éducation et de création sur l'image. Nous avons mis en scène des objets et des récits, recueillis auprès de migrants ayant bénéficié d'un microcrédit de l'ADIE pour créer une petite entreprise.

Du Mali à Marseille : le chaudron de Gagny

Voici par exemple ce que nous a appris Gagny, qui venait d'ouvrir « La cuisine de Gagny » sur le boulevard Chave, un restaurant aujourd'hui référencé sur TripAdvisor :

Je m'appelle Gagny Sissouko, je suis cuisinier, je viens du Mali. Depuis 2012, je suis sur Marseille, je suis traiteur et je vais ouvrir un petit restaurant pour la restauration rapide, sur place et à emporter. Moi je suis de Nioro, Nioro du Sahel, c'est dans la région de Kayes et, elle, Julie, ma copine est de Montluçon, dans l'Allier, en plein milieu de la France… Je ne parle pas bien français en fait, mais quand je cuisine avec les gens je n'ai pas cette peur, ça parle tout seul, je parle tout seul, je cause avec les gens… Ma cuisine, elle n'est pas « cuisine malienne », elle est « cuisine du monde », parce que je m'adapte et puis j'essaie d'inventer. Même dans les recettes maliennes, je transforme avec des produits d'ici… Il y a plein, plein de légumes ici qu'il n'y a pas chez moi au Mali, et quand je vais au marché, chaque fois je demande : « Ça, c'est quoi ? », et, à trois ou quatre personnes différentes, je demande : « Vous les cuisinez comment ? » Ils me disent : « Ah, là au Sud on les fait comme ça, au Nord on les fait comme ça. » Après je les cuisine à ma façon… Vous voyez, ça, c'est le *soumbala*. C'est mon épice, que j'aime beaucoup parce que j'ai toujours vu ma grand-mère, ma mère, ma sœur… En fait tout le monde cuisine avec ça. Moi je mets ça dans presque tous mes plats.

Gagny nous a apporté un chaudron en fer : c'est cet objet qu'il aurait gagé dans une banque culturelle le temps du prêt nécessaire pour créer son restaurant s'il n'avait obtenu un microcrédit de l'ADIE. Ce chaudron, c'est sa terre, son village, sa famille, toute l'histoire du fer et des forgerons au Mali. C'est un morceau de lui-même : « Je l'ai toujours vu dans ma vie et je l'emmène partout avec moi. » Et pourtant, lors d'une interview que nous avons donnée avec lui à Radio Grenouille (5 octobre 2017), il est heureux de dire que son plat préféré est le gâteau de pommes de terre de Montluçon, spécialité de la grand-mère de sa compagne. Miracle de métissage, objet dogon-gâteau de patates — rien ne nous écarte davantage du communautarisme.

Un Mexicain à Marseille : une main de Fatma à la Frida Kahlo

Et voici l'objet-récit que nous a proposé Yazid Hamiche qui a, lui aussi, ouvert un restaurant grâce à un microcrédit de l'ADIE :

Main de Fatma à la Frida Khalo, réalisée pour Yazid Hamiche, par une artiste d'Arles

J'ai trente-trois ans, je suis né dans un petit village de Kabylie. Je suis venu à l'âge de vingt-quatre ans ici en France, il y a à peu près... neuf ans. Je suis venu pour étudier l'archéologie, je l'ai fait, un peu ; par la suite, j'ai fait des études de tourisme, ce qui m'a amené à rencontrer la cuisine mexicaine durant l'un de mes longs voyages.
Je suis tombé amoureux du Mexique, de ces gens. Bien sûr, avant de partir, j'avais passé pas loin de six ans ici dans la région, j'ai beaucoup aimé le Midi, et Marseille en particulier. Donc, je ne voyais pas d'autre issue que d'ouvrir un restaurant mexicain à Marseille dans le quartier du Cours-Julien où l'on vend des bonnes petites choses faites maison [...] Marseille, c'est un peu l'image du monde [...] La cuisine mexicaine, c'est une cuisine populaire, riche en ingrédients, en couleurs, en saveurs, en épices... C'est du salé, c'est du sucré, c'est du sucré-salé, c'est du amer, ça part dans tous les sens, c'est une cuisine un peu folle [...] Ce tableau-là, je crois que c'est lui qui représente le mieux mon parcours de vie. Vous allez voir, c'est une main. Pas la main de Fatma réellement, parce que la main de Fatma, elle, a deux pouces et trois doigts au milieu, avec l'œil au milieu qui n'est pas là tout le temps mais qui est là quand même, et qui est représenté sur mon tableau. Là c'est une parfaite main, avec un œil au milieu. Il a été fait par une artiste mexicaine qui habite à Arles et qui a épousé un Algérien. C'est du Frida Kahlo. C'est moi qui lui ai demandé de faire du Frida Kahlo.

Ça renvoie à deux choses : mes origines nord-africaines et une chose qui existe au Mexique dans les montagnes du Chiapas. Si vous êtes là-bas, vous pouvez rencontrer de temps en temps des petits tableaux comme ça, avec une main protectrice. Donc, aussi loin que soit le Mexique de mon pays, l'Algérie… les humains… on est tous pareils.

Explorant la possibilité de créer une banque culturelle, nous nous sommes naturellement tournés vers le Mucem de Marseille, un musée de société.

Une rencontre avec les conservateurs, en juin 2017, nous a vite dissuadés : il est clair pour eux qu'un conservateur conserve, et qu'il décide de la collection qu'il conserve.

Clair en effet, mais à remettre en cause pour créer une banque culturelle. Elle se construira peut-être avec les musées de la Vieille Charité, à partir de l'exposition sur les « Objets migrateurs », qui se tiendra en 2022. Les objets migrateurs ont toujours existé, qu'il s'agisse d'hommes, de dieux, de langues, de musiques, de cuisines ou de choses. Aujourd'hui où, particulièrement en Méditerranée, l'accueil de ceux qu'on nomme « migrants » est à l'ordre du jour, l'exposition suivra quelques trajets exemplaires, pour dédiaboliser l'idée de migration et montrer comment les objets migrateurs ont contribué à constituer la civilisation que nous disons nôtre, à la diffuser et à la faire évoluer. Il s'agit de faire l'inventaire raisonné des types de transformation dus aux migrations, et de les rendre visibles au moyen d'objets, éloignés dans le temps ou dans l'espace, qui relèvent d'un même type de transformation : de la reproduction à la contrefaçon, du syncrétisme au métissage, du remploi à l'inspiration… Deux principes guident cette exposition qui remet en travail les idées de centre et de périphérie, d'origine et de copie, de même et d'autre : faire dialoguer l'antique et le contemporain (elle se fait avec le musée d'Archéologie de Marseille) ainsi que le proche et le lointain (elle se fait aussi avec le MAAOA, musée d'Arts Africains, Océaniens et Amérindiens), et donner à voir l'objet d'art le plus précieux comme l'objet du quotidien.

Ces objets de musée sont tissés de mots et d'histoires, et des récits différents les accompagneront : un cartel traditionnel, muséalement correct et scientifiquement étayé ; mais aussi un récit du parcours propre de chaque objet — comment et où a-t-il été fabriqué, utilisé, investi de sens, transformé, resémantisé, collecté, collectionné, exposé ? S'y joindront parfois des cartels « tout autres » faits par des collégiens, des poètes, des usagers d'aujourd'hui, avec une distribution souvent imprévue du familier et de l'étrange.

Cette expérience est liée à l'implication du corps académique, inspecteurs, enseignants et apprenants comme on dit. Les classes d'UPE2A, c'est-à-dire les classes qui accueillent les nouveaux arrivants et où sont parlées, dans les collèges du Vieux Port, parfois plus d'une vingtaine de langues, sont investies du rôle de « nouveaux commanditaires ». L'association *Les nouveaux commanditaires*, patronnée par l'Institut de France, met pour nous en rapport ces enfants qui n'ont évidemment jamais rien commandité et un artiste. Leur commande est précise : réfléchir sur la différence des langues à partir du mot qui manque le plus à chacun, et en faire une œuvre ouverte. C'est avec ces enfants et leurs parents que nous voudrions expérimenter une forme de banque culturelle. Elle pourrait, au sein de la Vieille Charité, prendre la forme d'une salle dédiée qui rassemblerait toutes les pièces du Lego, objets-récits-projets-microcrédits.

- À AUBERVILLIERS

Au sein du Département des arts de l'islam, une centaine d'habitants d'Aubervilliers inviteront à partir de 2022 à un itinéraire ponctué d'objets qu'ils ont choisis, présentés, explicités : nous construisons avec eux un parcours Aubervilliers-Louvre-Aubervilliers. À côté des cartels du musée, ils ont rédigé des cartels qui donnent les motifs de leur choix, la manière dont l'objet résonne avec leur vie d'aujourd'hui. Tous les outils, toutes les médiations sont sollicités. L'objet choisi réveille toutes les mémoires, celle de leur histoire personnelle, celle de l'histoire des objets du musée et des peuples qui les ont conçus et utilisés, celle de pans souvent oubliés de notre histoire politique, culturelle, économique, écologique : donner une autre voix aux objets du musée pour faire entendre la voix des habitants d'Aubervilliers. La ligne 7 du métro pourrait, entre Aubervilliers et Palais-Royal, prolonger le parcours en présentant, sous une forme ou une autre, des objets avec leurs récits. Les objets du musée quittent symboliquement le temple Louvre déverrouillé pour entrer dans des univers périphériques fragiles et singuliers.

L'idée de centre et de périphérie se remet elle-même en cause. C'est là, à l'évidence, qu'une banque culturelle aurait naturellement sa place. Depuis longtemps, parallèlement aux glossaires, un projet s'esquisse, en partenariat avec la Maison des langues et des cultures d'Aubervilliers, la Maison des sciences de l'homme Paris-Nord et avec le Campus Condorcet qui dessine dans le Grand Paris la plus grande infrastructure de recherche et de formation en sciences humaines. L'ensemble ne prend évidemment son sens qu'avec la participation d'un organisme de crédit. C'est pourquoi nous travaillons aujourd'hui à inventer la bonne structure qui permettrait de conjoindre des forces telles que le Campus Condorcet et le Crédit municipal de Paris.

Une opération-pilote se tiendra autour de quelques objets-récits-projets, dans le cadre d'un Rendez-vous Condorcet sur le thème retenu en 2021 « Mémoire, langues, territoires », consacré aux « Biographies d'objets[1] ».

Réinventer la valeur

Le premier effet des banques culturelles est de réinventer l'objet de musée : non pas un objet, mais un objet avec son récit, ses récits. La biographie d'objet fait partie de l'objet. On retrouve à nouveaux frais la question des restitutions : tout dire de l'objet, *full disclosure*, comme dans la Commission Vérité et Réconciliation.

Mais ce n'est pas seulement la définition de l'objet qui change alors, c'est la notion de valeur elle-même. Ce qu'il faut évaluer, c'est l'ensemble objet-récit, une fusion patrimoine matériel-patrimoine immatériel. On doit, y compris financièrement puisque crédit il y a, admettre que les mots ont une valeur sonnante et trébuchante.

---

1. En synergie, une recherche avec expérimentation « De l'objet au territoire » est pilotée avec l'UMR AUSser dans le cadre du programme « Campus et Territoire ».

Se pose ici la question des limites. Qu'est-ce qui est éligible au microcrédit ? Peut-on admettre que des mots seuls constituent un « objet » ? Une recette de cuisine, un savoir-faire artisanal, une musique, une chanson, une légende, un mythe, peuvent-ils ouvrir droit à crédit ? Un monde de questions se pose aussitôt ici et maintenant, dans la France d'aujourd'hui, régie par des conventions internationales et par des réglementations spécifiques. Question de la propriété intellectuelle, du droit d'auteur, des droits voisins… Derechef, à qui appartient le sabre ? Et quand passe-t-on du bien privé au bien commun, au « commun » ?

Question aussi de droit bancaire et des règles régissant le crédit. Le crédit municipal, ou prêt sur gage — « Ma tante ! » —, qui octroie un crédit en échange de l'objet que l'on gage, a une pratique qui semble bien proche de celle d'une banque culturelle. Les différences sont cependant manifestes. Il ne s'agit pas de culture à partager, parce que la transaction est confidentielle, que l'objet est mis en sûreté dans un coffre, et ainsi mis au secret. De plus, l'institution bancaire est le seul juge de l'évaluation, et la loi interdit toute relation entre ceux qui évaluent et ceux qui déposent les objets. En revanche, la transaction objet-microcrédit, avec des intérêts minimes, est bien analogue à celle d'une banque culturelle.

Mais pour passer de l'une à l'autre, il faut un certain nombre de transformations. Il faut redéfinir l'objet : un objet-récit, voire un objet « immatériel ». Redéfinir le rapport au demandeur : les parties prenantes sont, comme en démocratie, les acteurs eux-mêmes. Redéfinir le rapport au crédit : sans doute pourrait-on avoir recours à la notion de nanocrédit, en relais du microcrédit proprement dit ; de fait, les éventuels bénéficiaires d'un microcrédit redoutent souvent d'engager leur famille ou leur entourage en garantie ; la solution pourrait alors venir d'un fonds de soutien, placé auprès de la banque culturelle, qui octroierait un nanocrédit. Enfin et surtout il faut redéfinir la notion de valeur : la valeur de l'objet n'est pas seulement sa valeur marchande, y compris liée au marché de l'art, c'est sa valeur « culturelle » : symbolique, sociale, esthétique. Aucune institution bancaire ne peut rester indifférente à cette remise en chantier de la notion de valeur. On pourrait la qualifier d'inclusive, d'autant plus inclusive qu'il faut bien constater qu'elle inclut prioritairement non seulement les « pauvres », mais aussi les « femmes ».

On touche là à la grande nouveauté du concept de banque culturelle. Son musée est l'image d'un « territoire » à un moment donné ; il préserve et valorise les biens témoins des singularités de ses habitants et la mémoire s'y fabrique au présent. Elle est à l'œuvre dans ses processus de perte, d'enrichissement et de transformation des informations originelles. Une histoire personnelle y résonne avec d'autres. Sa dynamique est à l'image de la dynamique même du territoire.

Nous ne sommes cependant pas dans une configuration « à la Bilbao » où la revitalisation du territoire s'opéra grâce à la construction du musée Guggenheim — partie de zéro, l'économie touristique suscita en quelques années près de 4 000 emplois dans les secteurs de l'hôtellerie, des services et des transports. On estime à 80 % les touristes qui viennent à Bilbao d'abord pour le musée.

Nous ne sommes pas non plus dans une configuration « écomusée » ou « musée de société ». Il nous faut cependant tirer les leçons de leurs expériences passées et présentes pour tracer avec précision le chemin de ce que sera une banque culturelle.

Écomusées, musées de société et banques culturelles

On est souvent tenté de comparer la banque culturelle à deux types de musée qui se développent aujourd'hui et qui s'en rapprochent en effet par certains côtés : les écomusées et les musées de société.
« L'écomusée est un espace public, il réunit des hommes et des femmes autour de projets communs pour le territoire et ses habitants. Cet espace ouvert et permanent met en débat les questions liées à l'évolution de la société, et est investi par des publics : acteurs (bénévoles), agents (salariés), visiteurs, membres d'une communauté territoriale ou professionnelle[1]. »
Dans un écomusée, il ne s'agit plus de « faire entrer » au musée des objets prélevés ici ou là et détachés de leur contexte, mais d'installer le musée là où se trouvent les objets.
À la question « Qu'est-ce qu'un musée de société ? », Jean-François Chougnet, président du Mucem de Marseille, répond :

> C'est une appellation récente, qui apparaît à la fin des années 1970 pour désigner les musées qui ne sont pas centrés sur les beaux-arts [...] Ces musées de société recouvrent des réalités très différentes. Leur point commun est de traiter de problématiques plus thématiques que monographiques

> et de s'appuyer sur des objets du quotidien plus que sur des œuvres d'art. Autrefois tournés vers le passé ou « l'autre » — les civilisations extérieures ou les colonies —, ces établissements culturels s'intéressent de plus en plus à nos sociétés et aux phénomènes contemporains[2].

Dans un cas comme dans l'autre, il y a élargissement de la notion même d'objet muséal et, parfois, des pratiques d'exposition : la valeur de l'objet n'est pas seulement esthétique ou historique, mais c'est aussi une valeur sociale, sociologique, une valeur de témoignage. La notion de culture s'élargit.
Toutefois, à la différence des banques culturelles, il s'agit, de manière classique, de collections d'objets et d'expositions temporaires, avec des curateurs et des conservateurs qui ne sont généralement pas, ou pas d'abord, les acteurs qui vivent dans les territoires concernés.
Mais l'objet n'est pas en tant que tel un objet-récit et, surtout, le Lego de base objet-récit, crédit, projet, donc l'insertion, ne fait nullement partie des prérequis de ces musées.

---

1. Fédération des écomusées et des musées de société, www.fems.asso.fr.

2. M.-H. Balinet, *Revue économique de la métropole Aix-Marseille-Provence*, www.mucem.org.

Réseau international des banques culturelles : ralentir, travaux !

Le Réseau international, dont le siège est prévu à Dakar, labellisera les projets venus de partout et se portera garant de la conformité des objectifs avec les valeurs portées par les banques culturelles. L'organisation des échanges entre l'ensemble des banques culturelles en ouverture sur le monde sera l'une de ses missions principales : échanges de savoir-faire, de compétences, d'expositions montées en partenariat avec les diasporas, africaines notamment, échanges sur des sujets d'actualité.

Nous ne sommes déjà plus dans un modèle Nord-Sud ou Sud-Nord, mais, tout simplement, dans un modèle de relations réciproques pour imaginer ensemble des écosystèmes entrepreneuriaux culturels et sociaux, aussi innovants pour les uns que pour les autres. Ainsi s'opère le passage d'un modèle d'aide au développement à un modèle de partenariat qui prend en compte les spécificités de chacun. Nous rejoignons Alain Mabanckou qui, parlant de l'Afrique, appelle de ses vœux « un modèle de développement plus adapté à notre continent, intégrant la manière africaine d'exister, de gérer les conflits, de partager les richesses et aussi de les fabriquer » (ID4D, https://ideas4development.org).

Le Réseau sera ouvert sur un maximum de cultures. Nous avons commencé à explorer d'autres continents où se développent des initiatives dont les banques culturelles pourraient s'inspirer ou avec lesquelles elles pourraient travailler. Comment une banque culturelle trouverait-elle sa place au Canada qui a une riche expérience des musées de société, des centres d'interprétation ? Question à laquelle nous essayons d'apporter des réponses avec le Centre de recherches cultures-arts-sociétés (CELAT) de l'université Laval, à Québec. Avec des étudiantes de 5e année de l'ISIT nous avons commencé à explorer d'autres organismes français et étrangers qui expérimentent de telles institutions : Bank of Culture, à Taïwan, YBCA Culture Bank, à San Francisco, 798 Art Zone à Pékin, Casa B à Bogotá, Microfolies en France, Les Grands Voisins à Paris, le musée de l'Immigration à Paris, le Weltmuseum Wien à Vienne. Aucune de ces institutions, si intéressante soit-elle, ne peut cependant servir de modèle. De fait, ce que nous appelons le « Lego de base » est, en tant que tel, toujours absent.

La régulation d'un tel réseau, avec par exemple un comité de déontologie analogue au comité des sages d'une banque malienne, est à inventer, ainsi que les meilleures valorisations de l'objet comme, indissolublement, « objet-récit ».

QUATRIÈME PARTIE

LES INTRADUISIBLES DES TROIS MONOTHÉISMES

Dieu est mort
signé Nietzsche
Nietzsche est mort
signé Dieu

Tag sur les murs de la Sorbonne, mai 1968

Le projet d'un *Dictionnaire des intraduisibles des trois monothéismes* est le troisième étage du dispositif des Maisons de la sagesse-Traduire : l'étage plus proprement recherche, qui s'inscrit dans la tradition scientifique et universitaire internationale. Il prend directement pour modèle le *Vocabulaire européen des philosophies, Dictionnaire des intraduisibles*[1]. Non moins démesuré, ou infaisable, il est plus violemment audacieux à ce jour.

Un tel dictionnaire propose une réflexion sur la traduction des textes sacrés, en prise sur l'histoire, les langues, les concepts. Le travail se limite aux « religions du Livre », autrement dit à ce qu'on a coutume d'appeler les trois monothéismes ou religions abrahamiques. Il existe

1. *Vocabulaire européen des philosophies. Dictionnaire des intraduisibles*, B. Cassin (dir.), Paris, Seuil-le Robert 2004, 2e éd. augmentée 2019 ; traduit ou en cours de traduction-réinvention dans une dizaine de langues.

certainement plus de trois monothéismes, et tout dépend évidemment de la définition qu'on en donne : c'est pourquoi notre nom de code pour cette recherche, qui se fait en français et en anglais, est « Les intraduisibles des trois *Whatever* »... Il va sans dire que nous n'éviterons pas certains points de comparaison, notamment avec les terminologies du bouddhisme, des paganismes, de la laïcité.

Ce travail ne vise pas une « sagesse » consensuelle et vague, mais il interroge les textes eux-mêmes dans leur(s) langue(s) et dans leurs mots, tels qu'ils sont écrits, transmis, traduits, donc dans leur complexité, leurs singularités et leurs discordances. Un bon moyen, un moyen simple et efficace, de compliquer l'universel est la lecture comparée des textes sacrés à partir des langues dans lesquelles ils sont écrits. C'est ainsi que nous espérons contribuer à surmonter l'obstacle des fondamentalismes, qui constituent l'ossature des ignorances et des incompréhensions.

Ajoutons que la confection de ce dictionnaire, avec les exigences d'un travail commun de comparaison, est en tant que telle et à soi seule, comme le travail sur les glossaires, un dispositif d'écoute et d'interaction remarquable. Notre équipe est résolument plurilingue et pluridisciplinaire : composée notamment de théologiens, de philosophes, de linguistes, de philologues et d'historiens, c'est ainsi, via d'anciennes traditions de la Méditerranée, d'Alexandrie à l'Andalousie, qu'elle renoue avec les Maisons de la sagesse.

1. Du symptôme comme méthode

Un dictionnaire de ce genre, pas plus que le *Vocabulaire européen des philosophies*, n'a aucune prétention à l'exhaustivité. Symptômatique, il est partiel et incitatif, engageant un geste plutôt qu'un état des lieux complet. Notre pari, mettons cognitif, est que c'est seulement en creusant les singularités, les idiosyncrasies, les différences, que nous pourrons parvenir à une intercompréhension forte et efficace, respectueuse de l'idée même de laïcité. Et que les différences linguistiques, constitutives des textes, présentent à la fois le plus objectif et le plus riche des points de départ.

Les lemmes de ce dictionnaire sont des « intraduisibles », c'est-à-dire des mots en langues, et non pas des concepts ou des « universaux ». Pourquoi s'attacher aux « intraduisibles » ? Un « intraduisible » est un symptôme de différence des langues. Non pas ce qu'on ne traduit pas, mais ce qu'on ne cesse pas de traduire ou, plus exactement, de (ne pas) traduire. Il suscite un travail avant que l'on puisse trouver un « presque » analogue, une correspondance dans une autre langue[1]. Ces symptômes, par définition non exhaustifs, permettent de prendre la mesure des différences entre les textes, donc les langues, les cultures, les visions du monde, les religions qu'ils déploient.

Le point de départ est ainsi ce que Schleiermacher nomme le *Faktum* de l'herméneutique : la non-compréhension. La « méthode » pour y faire face est de ne pas vouloir harmoniser, ni trop ni trop vite, mais de se transporter en « zone de traduction[2] » et de demeurer aussi longtemps que possible dans cet *in-between*, dans cet « entre », jusqu'à devenir un peu meilleurs passeurs, *go-between*.

L'ouvrage (environ 6 millions de signes) donnera lieu à deux éditions distinctes support papier, la première en français aux éditions Fayard et Le Robert, et la seconde en anglais. Nous espérons qu'une troisième édition, bilingue

1. Outre le *Vocabulaire européen des philosophies, dictionnaire des intraduisibles*, déjà cité, on se reportera à *Philosopher en langues. Les intraduisibles en traduction*, B. Cassin (dir.), Paris, Éditions de la rue d'Ulm, 2014 ; *Les Intraduisibles du patrimoine en Afrique subsaharienne*, B. Cassin et D. Wozny (dir.), *op. cit.* ; *Psychanalyser en langues. Intraduisibles et langue chinoise*, B. Cassin et F. Gorog (dir.), *op. cit.* ; et, en dernier lieu à *Éloge de la traduction, compliquer l'universel* B. Cassin, *op. cit.*

2. Voir E. Apter, *Zones de traduction. Pour une nouvelle littérature comparée*, trad. fr. Fayard, 2018.

arabe/hébreu, sera publiée à Jérusalem. Enfin, et surtout, nous étudions la faisabilité d'une édition électronique, franco-anglaise, ouverte et susceptible d'enrichissements. Elle bénéficierait d'une synergie avec la mise en ligne du, ou plutôt des, *Dictionnaire(s) des intraduisibles*, en français et dans ses traductions-réinventions, totales ou partielles, qui existent déjà dans une dizaine de langues.

Les entrées : équivoques, hapax et réseaux

Nous partons de quelques mots-clés sans lesquels chacun des livres ne saurait être compris ou, pour le dire de manière plus impressionniste, autour desquels chaque livre s'enroule. Nous avons à décrire leur(s) étymologie(s), la multiplicité de leurs sens, la diversité de leurs usages, de leurs interprétations, donc à faire leur histoire, avec celle de leurs équivalents et des réseaux dans lesquels ils sont pris.

Dans les langues que nous étudions, et tout particulièrement en hébreu et en arabe avec les racines trilittères, les mots écrits se prêtent aux équivoques. « Une langue, entre autres, écrit Jacques Lacan, n'est rien de plus que l'intégrale des équivoques que son histoire y a laissé subsister. » Ces équivoques sont mises en visibilité par le passage à une autre langue, à savoir la traduction, et par la comparaison entre les traductions comme pointes ultimes de l'interprétation. Elles constituent l'un des points d'accroche les plus précieux pour notre exploration.

Les hapax, c'est-à-dire l'usage unique ou quasi unique d'un mot ou d'une tournure dans une langue donnée, une sorte de « à nul autre pareil » jusque dans sa langue propre, sont eux aussi des points d'énigme féconds (voir ci-dessous, la conférence de Souleymane Bachir Diagne, *Samad* et *Nûr* : un hapax et une profusion).

Nous travaillons non seulement sur les lexèmes, ou termes isolés, mais sur les réseaux sémantiques qu'ils dessinent, sur les syntaxes et les grammaires dans lesquels ils sont configurés, sur les contextes et les interprétations parfois divergentes qui leur donnent sens. Les phrases notoirement ambiguës, comme *Eyé ashèr Eyé* (Exode 3, 14), constituent des points de passage obligés.

Un modèle d'ambigüité
Exode, 3, 14

• Nous sommes dans le 2e livre de la Bible. Son titre en hébreu est *Shemot*, « Les noms ». Voici, dans l'épisode du buisson ardent, le contexte de la phrase où Dieu répond à Moïse qui lui demande son nom :
Les Juifs étaient esclaves en Égypte. Moïse était berger. L'ange du Seigneur lui apparut dans la flamme d'un

buisson en feu, brûlant sans se consumer. Dieu l'appela du milieu du buisson : « Moïse ! Moïse ! » Moïse dit : « Me voici ! » Dieu dit : « Je suis le Dieu de ton père, Dieu d'Abraham, Dieu d'Isaac, Dieu de Jacob… Je t'envoie vers le Pharaon, fais sortir d'Égypte mon peuple, les fils d'Israël. »… Moïse dit à Dieu : « Voici ! Je vais aller vers les fils d'Israël, et je leur dirai : "Le Dieu de vos pères m'a envoyé vers vous." S'ils me disent : "Quel est son nom ?" Que leur dirai-je ?' Dieu dit à Moïse :

אֶהְיֶה אֲשֶׁר אֶהְיֶה

Soit, transcrit :

Eyé ashèr Eyé

• Pour tenter de comprendre cette phrase de trois mots mise dans la bouche de Dieu, décisive quant à son identité, on doit affronter les questions « linguistiques » suivantes, qui induisent des différences d'interprétations, rendues sensibles par les traductions :

Eyé ou *Ehiyeh* = 1ère p. sg verb *hâyah*, d'habitude traduit par « être », mais le verbe « être » au présent n'existe pas en hébreu : on emploie uniquement le pronom personnel. On peut aussi le remplacer par la racine proche HVH, « exister ».

Est-ce un présent ou un futur ? Ce n'est pas tant une question de temps (présent/passé/ futur) qu'une question d'aspect : parfait ou accompli / imparfait ou inaccompli.

Et une question de voix : ici « consécutive » ou « conversive » — cette voix change le ponctuel en duratif et le duratif en ponctuel.
Le temps du récit est ordinairement un inaccompli ponctuel.
Ashèr
« Qui (celui qui) » / « que »
Analysable comme un pronom personnel ou comme une conjonction de subordination.

• Voici un certain nombre de traductions historiques[1] :
– La Septante (grec) : *Ἐγώ εἰμι ὁ ὤν*
– La Vulgate (latin) : *Ego sum qui sum*
Soit, dans la traduction française, avec son contexte immédiat, telle que transmise sur le site Internet de la Vulgate :
« Dieu répondit à Moïse : Je suis CELUI QUI EST ; et Dieu ajouta : Tu parleras en ces termes aux fils d'Israël : CELUI QUI EST m'a envoyé près de vous. Et Dieu ajouta : Tu parleras en ces termes aux fils d'Israël : LE SEIGNEUR Dieu de vos pères, le Dieu d'Abraham, le Dieu d'Isaac, le Dieu de Jacob, m'a envoyé près de vous. Tel est mon nom immortel, le mémorial des générations et des générations. »

On retiendra les fluctuations suivantes :
Egô eimi ho ôn (Septante) [= « Je suis l'étant »]

Ego sum qui sum (Vulgate de saint Jérôme) [= « Je suis qui je suis »]
Ich werde sein der ich sein werde (Luther) [= « Je serai qui je serai », mais on ne rend pas l'inversion]
Je suis qui je suis (AELF)
Je suis qui je serai (TOB)
Je suis celui qui suis (Segond)
Je serai qui je serai (Chouraqui)
Je serai que je serai (Meschonnic)
Je serai : je suis (Bayard)
Je serai ce que je me ferai devenir (Manitou : rabbin Léon Ashkenazi)
Autrement dit, on peut [ne pas] choisir entre :
Je suis qui je suis/je suis qui je serai
Je suis celui qui est/je suis celui qui suis
Je suis ce qui est/je suis ce que je suis/je suis ce que je serai
Je serai qui je serai/je serai ce que je serai
Je suis que je suis/je serai que je serai

Il est tentant de rapprocher cette phrase d'une autre « phrase-origine » : celle, grecque, qui figure dans le poème de Parménide, au ve siècle av. J. C., où il est question de l'être. Elle déploie, syntaxe et sémantique, un même type d'éventail de possibilités pour décrire la route du Est. Ainsi : 3,2 : « La route que *esti kai ouk esti mê einai*, la route que est et qu'il n'est pas possible de ne pas être/que est et que n'est pas n'être pas/que c'est et que ce n'est pas ne pas être[2]... »

1. Voir par exemple *Comparateur biblique de verset*, www.levangdeile.com/Comparateur-Bible-.htm.

2. B. Cassin, *Parménide, Sur la nature ou sur l'étant. La langue de l'être ?*, Fayard, 2016.

Le lecteur aura compris qu'il est à la fois aidé et empêché par la tradition, et que le choix qu'il a à faire est de l'ordre du jugement.

Physionomie d'une entrée

Une entrée complète, très généralement rédigée à plusieurs mains, peut être centrée autour d'un terme unique dans une seule langue (ex. *chariah* en arabe, *Erev rav* en hébreu), autour d'un réseau terminologique appartenant à une langue donnée (ex. *Nefesh/Neshama/Ruah* etc., pour dire en hébreu « âme » ou « esprit ») ; autour de plusieurs termes « équivalents » choisis dans des langues différentes (ex. pour dire quelque chose comme la loi : *Torah/Nomos/Chariah*), autour de plusieurs réseaux terminologiques comparables choisis dans des langues différentes (ex. les noms de Dieu et ses attributs) ; autour d'une traduction-invention remarquable, en vernaculaire par exemple (ainsi *Beruf* dans l'allemand de Luther, ou *Seigneur du Ciel* pour Dieu dans la traduction chinoise selon Ricci). Elle peut comporter des *encadrés* qui donnent un coup de projecteur sur l'histoire d'une traduction, sur un problème de transmission, un lieu disputé, une problématique envahissante, une racine complexe, etc.

Un petit nombre d'articles plus généraux, dits entrées « d'ordre deux », porte sur l'ensemble d'une question ou d'un problème. En particulier, nous instruisons le rapport entre chaque texte sacré et la traduction selon deux axes :

– la traduction « verticale » : quel est chaque fois le rapport entre un texte sacré et sa langue de révélation, si elle existe et si elle est identifiable ? Quel rapport réflexif le texte entretient-il avec sa langue ? Quel est chaque fois le rapport aux langues de glose, d'exégèse ou de commentaires ?

– la traduction « horizontale » : quel est chaque fois le rapport entre le texte sacré et la diversité des langues vernaculaires ? Peut-on traduire dans des langues « ordinaires » la parole de Dieu, qui se dit révélée dans une langue par là même sacrée ? Toutes les langues sont-elles également bonnes pour ce faire ? Comme le disait Souleymane Bachir Diagne en ne plaisantant qu'un peu : le Coran ne se traduit pas, surtout pas en wolof. De fait, ce qu'on traduit, c'est « le sens du Coran », mais le Coran en tant que tel est en arabe. Nous y reviendrons.

Plusieurs types d'entrée d'ordre 2 paraissent ainsi indispensables : celle(s) portant sur le rapport entre canon et textes révélés ; celle(s) portant sur les langues elles-mêmes, de révélation et de transmission-traduction : hébreu (et) arabe, araméen, grec, latin ; celle(s) portant sur les types de transmission et de lecture (source, découpage, exégèse, temporalité). Mais ces « généralités nécessaires » peuvent être déployées également à partir des entrées-ordinaires, car certains mots peuvent donner l'occasion de faire le point sur une question-clé : l'exégèse, le rapport orthodoxie/hétérodoxie, l'évolution passé/présent, etc.

2. Comment dit-on Dieu ? Un travail en cours...

Nous avons choisi d'approcher le dictionnaire à partir de plusieurs types d'entrées, très différentes. Elles répondent aux questions suivantes :

– massive et essentielle : comment dit-on Dieu ?

– auto-référentielle : comment chaque livre fait-il référence à lui-même ?

– anthropologico-philosophique : comment dit-on le partage dedans/dehors, la communauté/l'autre ?

– sociologico-historique : comment dit-on le rite (vendredi/samedi/dimanche) ?

Abordons l'entrée « Dieu ». Voici, pour la construire, la grille de questions que nous nous sommes posées.

Dieu grillé

1. Quel nom, quels noms Dieu se donne-t-il à lui-même ?

Comment s'auto-appelle-t-il et à quel moment ?

2. Quel nom, quels noms a-t-il pour les hommes ?

Donné(s) par lui ? Donné(s) par les hommes ?

Quel(s) nom(s) les hommes lui donnent-ils ? Doivent-ils lui donner ?

Comment le sait-on ?

3. Rapport avec le silence, le rien, le néant ? L'inconnu, le possible ?

Prononçable ou imprononçable ?

Pouvant s'écrire ou non ?

Rapport entre le dit et l'écrit ?
4. Analyse du nom/des noms de Dieu
• Un nom, aucun nom, plusieurs noms ?
• Forme du nom
Est-ce un substantif ? un verbe ? un mot-racine ? un adjectif substantivé ? un hapax ?
Est-ce un nom propre ou un nom commun ? avec ou sans article ? un singulier ou aussi un pluriel ?
• Sens du nom
étymologies
usages
– Signifié :
équivoque, homonyme ?
– Signifiant :
rapprochements, ressemblances, jeux de mots ?
– Référents concrets, choses, actions ?
5. Histoire du nom ?
Quelle est sa « consistance » de langue, son lien à la langue ?
Son lien à d'autres langues ?
6. Dieu peut-il changer de nom ?
Au cours de l'« histoire » ?
Son nom peut-il être traduit dans une autre langue ?
7. Son nom s'accompagne-t-il d'une définition ?
Une autodéfinition ? (« Je suis celui qui... ») ? Plusieurs ?

Une définition par les hommes ? Plusieurs ?
8. A-t-il des prédicats ?
Lesquels ? S'appliquent-ils seulement à lui, éminemment à lui ?
Comment sont-ils ordonnés ?
Hapax ? Plurivoques ? Homonymes ? Jeux de mots ?
À quoi servent-ils ? Qui les utilise et quand ?
Sont-ce des fonctions ?
9. Adresse ?
Comment Dieu s'adresse-t-il aux hommes ?
Comment s'adressent-ils à lui ?
Directement ? par un intermédiaire de haut en bas/de bas en haut ? (*Ouvre sur* : ange, prophète, incarnation, texte, loi/prêtre, foi/communauté, église, *oikonomia*)
10. Altérité ?
Comment désigne-t-on les autres dieux ?
Comment les désigne-t-on chez eux ? chez nous ? avec leur nom d'eux chez nous ?
Comment s'en distingue-t-il ?
Quel est son rapport à l'Un, au singulier ?
Qui sont les autres de Dieu ?
hommes
monde
diable
néant

Bien sûr, quand on tire un fil, la pelote vient : quel est le rapport de Dieu au Livre ? Comment le Livre se désigne-t-il, parle-t-il de lui ? Comment se dit « Révélation » ? Quel est le rapport de Dieu à la langue, et d'ailleurs quelle langue parle-t-il ? Comment se dit langue, cette langue, la langue, les langues ? Toujours, et d'une manière générale, que se passe-t-il entre le singulier et le pluriel ?

Voici quelques-uns des premiers matériaux de réponses, travaillés lors de plusieurs séminaires communs à partir de 2016[1]. Tout cela n'est encore que pièces et morceaux, parfois déjà bien connus (mais le bien connu, disait Hegel, justement parce que c'est bien connu, est méconnu), qu'il faut compléter et articuler afin d'élaborer notre ou nos articles « Dieu ». Le plus difficile est de les faire jouer ensemble, en évitant de les coudre simplement comme un *patchwork*. C'est, au point où nous en sommes, seulement comme des pièces séparées, des symptômes incontournables mais très incomplets, que les textes ci-dessous se présentent. Ce

1. À Marseille, au Mucem lors de l'exposition « Après Babel, traduire », puis à l'IMERA à l'invitation de Thierry Fabre, à l'ENS de Paris, à l'Institut d'études avancées de Nantes, autour de Bachir Diagne, ainsi qu'à Brown University, autour d'Adi Ophir.

ne sont pour l'instant que différentes manières d'aborder, de comprendre, de parler ou de taire, et de tenter de traduire le ou les noms de Dieu dans la Bible hébraïque, dans le Coran, et dans les traductions en chinois de la Bible chrétienne[1].

Les noms de Dieu en hébreu

Le plus marquant est le tétragramme, YHVH, nom propre de Dieu, quatre consonnes écrites mais imprononçables sans voyelles, forgé sur la racine du verbe « être », et qui doit rester imprononçable et imprononcé. On lui adjoint ou on lui substitue des noms prononçables, comme *Élohim*, « dieu(x), divinité(s) », un pluriel souvent dit « de majesté » qui fonctionne comme un singulier, et dérive de *El*, cette divinité de l'Antiquité sémite, en Mésopotamie par exemple (ainsi « Babel » signifie « Porte de El »). Cette sorte d'adhérence entre le mot et la chose, qui interdit de prononcer le nom, vaut aussi pour l'écrit : il ne convient pas de

1. Nous ne pouvons donner ici que des extraits, déjà conséquents et parfois difficiles, de ces travaux préparatoires, qu'il importerait pourtant de suivre dans leur complet détail. Pour simplifier la lecture, nous avons choisi, en accord avec les auteurs, de ne pas indiquer les coupes.

jeter un manuscrit où figure le nom de Dieu, ni même d'effacer le mot.

Voici des extraits d'un texte écrit par Francine Kaufmann (université Bar-Ilan, Ramat-Gan, Israël), après le séminaire de Brown, pour initier une réflexion large sur les noms de Dieu, dicibles, indicibles, dans la tradition juive. Elle traite d'abord du texte biblique lui-même :

> Dieu, dans la Bible et dans les sources juives, porte des noms divers qui ne désignent chacun qu'un pan de son Être, une partie de ses caractéristiques, l'un des aspects de sa nature. Cette pluralité de noms divins n'est légitime que dans le temps de l'Histoire du monde qu'Il a créé car la tradition juive soutient qu'avant la Création et après la Fin des Temps, Dieu ne porte qu'un seul nom (YHVH, forgé sur la racine du verbe être).
>
> **Les noms de Dieu dans la Bible**
>
> **1. Les noms de Dieu dans la Genèse**
>
> Le premier verset de la Bible nomme d'abord Dieu : *Élohim* (Gn 1,1 : « Au commencement *Élohim* créa »), nom de forme plurielle bien que le verbe *bara*, qui ici suit immédiatement le sujet *Élohim* soit au singulier. *Élohim*, pluriel de *Éloha* (autre nom qu'on trouve aussi dans la Bible) fonctionne presque toujours comme un singulier et figure un pluriel de majesté, dérivé du nom court de *El* (nom propre d'une divinité bien connue

en Orient). Mais dès le verset 4 du chapitre 2 de la Genèse le nom *Élohim* est associé, en apposition, au nom composé de quatre consonnes imprononçables car non vocalisées à l'origine : *YHVH* : « à l'époque où *Élohim YHVH* fit une terre et un ciel ». Notons que, par crainte révérencielle, ces dénominations sont remplacées à l'oral par des noms de substitution : *Eloqim Hachem* ; (*Hachem* signifiant : le Nom) ; mais dans la prière et le rituel on emploie plutôt *Adonaï*, pluriel de majesté de *adone* : maître, Seigneur.

2. Le nom de Dieu révélé dans le livre de l'Exode

C'est à Moïse que Dieu révèle son véritable nom propre : YHVH, le nom particulier qui n'appartient qu'à Lui seul, nom indéclinable, sans suffixes personnels, sans voyelles, composé des consonnes des verbes « être » (HYH) et « exister » (HVH), tétragramme qui inclut les désinences du passé, du présent et du futur (ou plutôt, selon la grammaire biblique : de l'accompli et de l'inaccompli). Mais auparavant, Il se dévoile comme le Dieu des trois Patriarches, « Dieu d'Abraham, d'Isaac et de Jacob » (Ex 3, 6 et 15-16), formule chère au philosophe Pascal.

Puis, elle traite du Talmud (« étude » en hébreu), qui rassemble les discussions rabbiniques sur la Bible et son versant oral. Cinq autres noms sont particulièrement sacrés, sept en tout, qu'il ne convient ni d'effacer ni de jeter. Ils disent Dieu chaque fois différemment, comme maître et seigneur, comme sein fécond, comme chef des armées de multitudes célestes…

Les noms de Dieu dans le Talmud

Avec le développement de la Loi orale (Talmud, *midrachim* et exégèse), le sens et l'usage de ces noms évolue et reçoit une foule d'interprétations. Par ailleurs, diverses polémiques discutent de la nature des noms sacrés — à distinguer des simples épithètes ou attributs — et débattent de la validité d'un serment, d'une injure ou d'un blasphème prononcés en invoquant tel ou tel nom divin. On se demande aussi s'il est permis d'écrire ou de prononcer certains noms qui inspirent la révérence et si, une fois écrits, le parchemin ou le manuscrit sur lesquels ces noms figurent peuvent être détruits ou s'il faut les préserver en les enterrant ou en les entreposant dans une *Gueniza* (une remise). La question porte sur la distinction entre de simples qualificatifs, qu'on peut d'ailleurs appliquer à des êtres humains (comme fidèle, grand, fort, puissant, miséricordieux, longanime, terrible), et des noms spécifiques qui ne s'appliquent qu'au Dieu d'Israël, au Dieu unique, et qui se comportent comme des noms propres (*Chevouoth* 35a et b).

Les sept noms sacrés

Le Talmud distingue sept noms particulièrement sacrés au point d'interdire de les effacer une fois écrits, et de jeter tout texte ou fragment de texte portant ces noms. Il faut alors les entreposer. Il s'agit de : *El, Élohim, Adonaï, YHVH, Éyé acher Éyé, Chaddaï, Tseva'oth* (*Chevouoth* 35a et b).

a. *El*

Nous avons déjà parlé de *El* dont dérivent probablement *Éloha* et *Élohim*. La divinité *El* se retrouve dans de nombreuses civilisations de l'Antiquité sémite. La Babel mésopotamienne s'appelle en akkadien : *Bab Ilu*, « la porte de *El* ». Melchitsedek, le roi de Salem que rencontre Abraham dans la Genèse (Gn 14,18-19), est prêtre de « *El* le Très-Haut ».

b. *Élohim*

Ce nom apparaît dès le premier verset de la Genèse. Il semble être le pluriel de *Éloha*, bien qu'il se comporte comme un singulier. Il est souvent employé comme nom générique (Divinité, Dieu) associé à *YHVH* : par exemple dans le *Chema*, la « profession de foi » juive répétée quotidiennement : « Écoute Israël, *YHVH* notre *Élohim*, *YHVH* est UN » (Dt 6,4), ou dans la première des Dix Paroles (les Dix Commandements) : « Je suis *YHVH*, ton *Élohim* » (Ex 20,2 ; Dt 5,6). On trouve même parfois trois « noms » de Dieu associés dans le même verset : « Car moi *YHVH*, ton *Élohim*, Je suis un *El* possessif » (Ex 20,4 ; Dt 5,8). Dans tous ces contextes, *YHVH* se comporte comme un nom propre et *Élohim* comme un nom commun, générique. Il est vrai que de par sa polysémie, *Élohim* peut désigner les dieux des idolâtres (d'où le deuxième commandement : « Tu n'auras point d'autre *Élohim* que moi » [Ex 20,2 ; Dt 5,6]), mais aussi un homme important, un inspirateur. Ainsi quand Moïse négocie avec Dieu pour ne pas être envoyé en mission en Égypte parce qu'il est bègue, Dieu lui adjoint son frère Aaron comme porte-parole et dit : « Il sera pour toi une bouche et toi tu seras pour lui un *Élohim* » (Ex 4,16).

c. *Adonaï*

Dérivé du substantif *adone* : maître, seigneur, *Adonaï* est parfois désigné comme « nom de la seigneurie » : *chem adenoute* quand il remplace dans la lecture rituelle le *chem havaya* (le nom de l'Être, de l'Existence), *YHVH*, nom imprononçable. Comme *Élohim* il est généralement au pluriel de majesté (avec le suffixe de la première personne du pluriel), mais il se comporte comme un singulier : mon Seigneur. Quand on trouve le suffixe singulier : *Adoni*, on fait référence généralement à un roi local, au maître d'un esclave, voire à l'époux d'une femme. Comme nom divin (qu'il est donc interdit d'effacer ou de jeter), *Adonaï* apparaît 425 fois dans la Bible hébraïque, très souvent associé à *YHVH* sous la forme : *Adonaï YHVH* ou *YHVH Adonaï*. Ce nom est souvent traduit par : le Seigneur, *YHVH* étant traduit par : l'Éternel.

d. *Chaddaï*

Chaddaï figure aussi parmi les sept noms divins qu'on ne peut effacer ni jeter. Mais contrairement à *Élohim* et *Adoni*, il désigne uniquement le Dieu d'Israël et se comporte comme un nom propre du fait qu'il ne prend ni article, ni suffixes ni préfixes, ni complément en forme construite. Tout comme YHVH, lui aussi fonctionne grammaticalement comme un singulier malgré sa forme à la première personne du pluriel de majesté, comme *Adonaï*. Son étymologie est douteuse. Il pourrait venir de l'akkadien *shadû*, montagne, ou de l'hébreu *sadéh*, champ, et serait donc une divinité antique des montagnes ou des champs. Proche de l'hébreu *chad*, au pluriel *chadayim* : les seins, il symbolise aussi la maternité, la fécondité et s'emploie souvent dans un contexte de bénédictions. Il a été choisi pour figurer (par son initiale, la lettre Chine) sur la *mezouza* : le boitier qu'on fixe sur le linteau droit des maisons juives pour manifester la présence divine et attester de la foi et de l'identité juive du résident.

e. *Tseva'oth*

On peut s'étonner de voir figurer *Tseva'oth* parmi les sept noms qu'on ne peut effacer. Dans la Bible, *Tseva'oth* est le plus souvent un nom commun, pluriel de *tsava*, qui signifie « armée ». Il s'emploie souvent dans ce sens militaire concret, et parfois au sens figuré, pour désigner une multitude, essentiellement les astres (soleil, lune et étoiles). On peut parler alors de *Tsva haChamayim* : l'armée des cieux (une quinzaine d'occurrences, dont Dt 4,19). Par ailleurs, quand il désigne Dieu, *Tseva'oth* est toujours apposé à *YHVH* (200 fois) et parfois (une trentaine de fois) à *Élohim*. Dans ces cas, il ne se comporte pas comme un nom propre mais comme un qualificatif qu'on peut traduire ainsi : « Dieu des armées » qui combat pour les Siens, ou « Dieu des multitudes célestes », qui règne sur les corps célestes, voire sur l'armée des anges.

f. *Éyé acher Éyé* (voir ci-dessus, encadré p. 176 et suivantes)

g. YHVH, le tétragramme ineffable

Nous avons déjà constaté que YHVH est le seul nom propre attribué à Dieu qui sorte de l'ordinaire. On l'appelle d'ailleurs *Hachem hameyou'had* (le nom spécifique), *Hachem hameforach* (le nom explicite, dévoilé), et *chem Havaya*, le nom de l'Existence, parce qu'il est dérivé du verbe « être » : HVH (être, exister, être au monde) : HYH (*haya*, il fut), HVH (*hové*, il est) et YHYH

(*Yihyé*, il sera). Des sept noms sacrés, c'est le seul qui, s'il est invoqué pour jurer, insulter ou blasphémer, peut entraîner la peine de mort (*Sanhedrin* 66 a). Avant la destruction du second Temple les initiés connaissaient sa prononciation et le Talmud rapporte même que :

> Rabbah bar Bar 'Hana disait au nom de Rabbi Yo'hanane : Le tétragramme divin (nom de quatre consonnes) est transmis par les Sages à leurs disciples une fois tous les sept ans. Certains disent : deux fois tous les sept ans (*Kiddouchine* 71 a, ma traduction).

Même en traduction, la tradition recommande de ne pas écrire en entier les noms de Dieu. On écrira ainsi D. ou D…eu et l'on prendra garde de ne pas déchirer et jeter un texte imprimé qui contient le nom de Dieu.

Dire Dieu dans le Coran

Lors du séminaire de Brown, Ali Benmakhlouf nous a proposé un travail remarquable sur la singularité du mot « Allah », qui n'admet pas de paronymes c'est-à-dire pas de termes dérivés (verbes, adjectifs ou noms) — or c'est exceptionnel dans la langue arabe puisqu'elle est composée de racines trilittères susceptibles de vocalisations différentes, qui précisément permettent ce genre de dérivations. Le mot est d'autant plus singulier, au sens propre, que c'est un mot-valise, incluant l'article défini *al* : « al ilah », « le dieu », « la divinité », ou objet d'adoration. Le grammairien Abou Al Haytham explique : « *Allah* était d'abord *ilâh*, auquel était joint l'article de détermination, *al* : on disait *Al-ilâh* » ; la contraction, une opération quasi chimique, fait alors tomber le i, et donne « Allah ». Cependant les deux termes issus du même radical, *ilâh* et *Allah*, s'opposent en ce que la vraie divinité, Allah, « le dieu », doit être distinguée des faux dieux, *âliha* (pluriel de *ilâh*)[1]. C'est pourquoi, ajoute Ali Benmakhlouf, la profession de foi, premier pilier de l'islam, « *la ilaha illa-llah* », ne devrait pas se traduire : « Pas d'autre Dieu que Dieu », mais : « pas d'autre dieu, pas d'autre divinité, que Dieu ». L'article défini (« le »), qui définit l'unique par différence avec l'article indéfini (« un », c'est un parmi d'autres), est inclus dans le nom du dieu, unique et défini par là même.

Souleymane Bachir Diagne avait pour sa part explicité l'année précédente (Nantes, 2018) la tension entre la profusion des « beaux noms », telle une exposition de soi semblable à la lumière, et un nom de retranchement, *Samad*, qui est aussi un hapax, un mot mystère dont on

1. J. Chabbi, *Le Seigneur des tribus, L'islam de Mahomet*, CNRS Éditions 2010, p. 224, cité par A. Benmakhlouf.

ne connaît que cette seule occurrence. Voici une partie de sa conférence.

Samad et *Nûr* : un hapax et une profusion

Lorsque Dieu se nomme, ou se présente, il ne dit pas quel il est (à qui le dirait-il ?), il se donne à la compréhension humaine en langue humaine. C'est dans ce cadre que je considère deux noms que se donne Dieu dans le texte coranique. Un nom de retranchement, d'occultation, proprement intraduisible, d'une part, un nom d'exposition de soi en pleine lumière. Le premier est celui que dans son excellente traduction du Coran en français Jacques Berque rend par l'expression « Dieu de plénitude ». Ce nom en arabe est *Samad*. Il n'est pas inutile de citer l'ensemble de la sourate où ce nom apparaît ainsi que la note éclairante que lui consacre Jacques Berque (sourate 112) :

> « Dis : Il est Dieu il est Un
> Dieu de plénitude
> Qui n'engendra ni ne fut engendré
> Et de qui n'est l'égal pas un. »

Jacques Berque rappelle en note que cette sourate répondait à une demande des polythéistes de La Mecque à Mahomet de leur présenter ce Dieu auquel il appelait, de dire sa généalogie. Point de *genus* est donc ici la réponse. Dieu se retranche en lui-même dans un nom parfaitement intraduisible. Au sens où c'est un hapax total. Tous les autres noms et attributs de Dieu sont répétés plusieurs fois dans le texte coranique, celui-là n'apparaît qu'une

seule fois en une incomparabilité qui le fait alors intraduisible. De *Samad*, il demande : Sera-t-il exagéré d'y retrouver une parenté avec l'une des premières définitions du dieu Un dans le poème de Parménide : « Tout entier à la fois, un, d'un seul tenant » ? Ce qui n'est pas exagéré en tout cas, c'est de trouver une certaine parenté avec le texte biblique et la réponse de Dieu à la question de Moïse (que leur dirai-je quand ils me demanderont qui tu es, toi qui m'envoies à eux : « je suis celui qui suis »). La parenté est dans l'absolue intransitivité.
Alors que faire de l'idée que Dieu veut être connu à travers « ses plus beaux noms ». Ici je cite une tradition où, parlant à la première personne, Dieu dit : « j'étais un trésor caché, j'ai voulu être connu alors j'ai créé le monde auquel je me suis fait connaître ». D'où le second nom que j'annonçais celui de « lumière ». Intéressant qu'il vienne avec son propre commentaire. Le passage est le suivant, toujours dans la traduction de Berque (sourate 24, verset 35) :

> Dieu est la lumière des cieux et de la terre. Semblance de Sa lumière : une niche où brule une lampe, la lampe dans un cristal ; le cristal, on dirait une étoile de perle : elle tire son aliment d'un arbre de bénédiction, un olivier qui ne soit ni de l'est ni de l'ouest, dont l'huile éclaire presque sans que la touche le feu. Lumière sur lumière ! Dieu guide à Sa lumière qui Il veut...
> Et Il use à l'intention des hommes de semblances, car Dieu est Connaissant de toute chose.

Voici qu'en se nommant « lumière » Dieu se donne dans l'évidence de « semblances » accumulées pour mieux parler le langage des enfants d'Adam. C'est sans doute un dénominateur commun à toutes les religions humaines au-delà des monothéismes d'opposer la lumière aux ténèbres. Ainsi dans Mathieu 8,12 est-il dit que hors de la lumière divine sont « les ténèbres extérieures où sont les pleurs et les grincements de dents ». Mais il y a quelque chose d'assez unique dans cette métaphore prolongée où en son nom de lumière Dieu se donne dans la profusion, en une parabole où il se compare à la multiplicité des composantes d'une lampe créée par les humains : une niche, qui protège un cristal, où se trouve une lampe, qui brule à l'huile d'olive et ressemble à une étoile. La profusion apparaît comme l'expression de ce désir d'être connu qui traduit l'amour de Dieu. Sur à la fois l'amour et la description par accumulation, j'évoque ici Henri Bergson qui écrit sur la religion dynamique et parlant du mystique qu'à propos du divin :

> Dieu est amour, et il est objet d'amour : tout l'apport du mysticisme est là. De ce double amour le mystique n'aura jamais fini de parler. Sa description est interminable parce que la chose à décrire est inexprimable. Mais ce qu'elle dit clairement, c'est que l'amour divin n'est pas quelque chose de Dieu : c'est Dieu lui-même. À cette indication s'attachera le philosophe qui tient Dieu pour une personne et qui ne veut pourtant pas donner dans un grossier anthropomorphisme (*Les Deux Sources de la morale et de la religion*).

Je retiens surtout ici l'idée que l'inexprimable se traduit en profusion, en « description interminable ».

Le philosophe moderniste indien Mohammed Iqbal (1877-1938) est celui qui a le plus insisté sur le fait que le verset de la lumière parle de l'individu et de sa réalisation lumineuse plus qu'il ne parle de Dieu dont pourtant il dit le nom et la nature. Il lit justement le verset en écho et contraste avec le chapitre 112 où le nom de Dieu est *Samad*. Pour arriver à cette idée que *Samad* comme *Nûr* définissent l'individuation. *Samad* dit que Dieu est l'ultime individu, fermé sur lui-même, retranché comme un ego, sans pareil ni semblance et unique. Il ne loge pas en lui-même son ennemi, ajoute Iqbal faisant ainsi référence à Bergson. Car c'est Bergson qui dit que dans la vie organique règne la tendance à l'individuation mais qu'elle loge son ennemi qui est la tendance à la reproduction.

Et le verset de la lumière a précisément ceci de particulier qu'après avoir identifié Dieu à la lumière, il n'en fait pas une entité cosmique diffuse et informe mais que la multiplication des semblances au contraire est individualisation de la lumière, une individualisation que « lampe » puis « niche » traduisent.

D'un mot, retranchement en soi et générosité ontologique, *Samad* et *Nûr*, sont ultimement la même chose. La profusion de semblances qui accompagne le nom *Nûr* comme avait bien vu Bergson est tout autant le signe de l'inexprimable que l'hapax *Samad*.

La manière de conjoindre le nom et l'être dans une identité exorbitante et d'incarner l'exception dans la langue, la procédure pour traiter quand même de l'indicible, le choix des métaphores et des analogies, voilà ce qui mérite d'être comparé terme à terme.

Dire le Dieu unique en chinois

L'approche retenue ici pour parler de Dieu dans la Bible est indirecte. Il s'agit des manières de traduire le « Dieu » unique en chinois ; plus précisément, de la manière dont les Jésuites ont choisi de rendre en chinois le « Dieu » de la Bible chrétienne : ils ont misé sur le syncrétisme en développant l'analogie avec *tian*, « le Ciel », prenant le risque de ce qu'on appellera la « querelle des termes ». Avec Matteo Ricci, Dieu devient le Seigneur du Ciel. Cette anthropophagie traductive est l'un des symptômes les plus récurrents de la traduction des textes sacrés.

Nous retenons ici quelques pièces seulement de cette histoire qu'a explorée pour nous en son long Benoît Vermander, de l'université Fudan à Shanghai. L'autre composante de cette acculturation réciproque est à placer sous le terme *Dao* (ou *Tao*), « Voie », qui, écrit Vermander, s'inscrit à la fois « en dialogue (virtuel) et en alternative aux concepts déployés par les trois monothéismes ».

Shangdi [上帝] **/ Shen** [神] **/ Tian** [天] **/ Tianzhu** [天主] **/ Zhenzhu** [真主]

Les termes ici regroupés doivent être abordés en deux temps : (I) Les trois premiers termes, *shangdi*, *shen* et *tian*, sont les plus usités de la langue chinoise (cela dès les textes les plus anciens) pour désigner le « divin » ou la « divinité », y compris — dans le cas de *shangdi* et de *tian* — la divinité suprême. (II) Tous les cinq (les deux derniers formés sur le troisième) ont été choisis, et sont toujours couramment utilisés, pour nommer en chinois le Dieu unique vénéré par les trois monothéismes. Ce processus s'est accompagné de controverses qui engagent des compréhensions différenciées tant de la tradition spirituelle chinoise que des théologies monothéistes.

I) Chine ancienne et classique

Shangdi est le nom de la divinité suprême révérée par les souverains de la dynastie Shang (environ 1570 à 1045 av. J. C.). Les inscriptions oraculaires utilisent simplement le caractère *di* (帝), par lequel elles pourraient désigner un Pouvoir suprême seul capable de commander à la pluie et à certains autres phénomènes naturels. Le « Pouvoir (*di*) d'en haut (*shang*) » surplombe le monde surnaturel.

Le dieu suprême de la dynastie Zhou (1046 à 256 av. J. C.) est, pour sa part, invoqué sous le nom de *tian* 天, « Ciel ». Dans les inscriptions oraculaires, le caractère est peu distingué de celui, graphiquement très proche, qui signifie « grand » (大 *da*). Le Ciel confère au souverain un « mandat » (*ming* 命), mandat qu'il sera amené à perdre si sa conduite ne répond pas aux normes morales et rituelles qu'il se doit de maintenir et faire respecter. Les proclamations attribuées aux premiers souverains Zhou témoignent de la fusion que ces derniers réalisent entre *tian* et *shangdi.*

Ce caractère suprême, moral et personnel du Ciel est attesté par les textes les plus anciens. Le *Livre des Odes* affirme ainsi l'omniscience céleste : « Le Ciel auguste est vigilant, / Vous suit partout où vous allez. / Le Ciel auguste est clairvoyant, / Il connaît vos débordements » (*Livre des Odes*, partie « Da ya », chant « Ban »).

Dans ces textes anciens, le terme *tian* est souvent précédé d'un autre caractère, qui joue le rôle de suffixe honorifique, et qui met en valeur le caractère, selon les cas, personnel, miséricordieux, omniscient ou omnipotent du Ciel. Tout en lui maintenant ces caractères, Confucius insistera sur la façon dont le Ciel agit dans l'univers et fait exécuter ses volontés comme « de l'intérieur » plutôt que par un enseignement extérieur : « Le Maître dit : "Je voudrais ne pas parler." Zigong dit : "Si vous ne parlez pas, qu'aurons-nous, nous, humbles disciples, à rapporter ?" Le Maître dit : "Le Ciel parle-t-il ? Les quatre saisons suivent leur cours, toute chose vient à naître. Le Ciel parle-t-il ?" » (*Analectes* 17, 19).

Les textes postérieurs à ces premiers témoignages historiques révèlent une intériorisation progressive du concept de *tian*. Il pourra finir par désigner la loi morale au cœur de l'homme (et *tian* pourra même s'identifier virtuellement — mais virtuellement seulement — au cœur-esprit [*xin* 心]), ou encore à ce qui est naturel, inaltéré, premier (sans que ces deux lignes interprétatives soient contradictoires entre elles). Quant au caractère *shen*, son usage et ses connotations sont remarquablement flexibles. Il est proche de son homonyme *shen* (伸) qui indique l'extension, une dynamique d'agrandissement. Les premières occurrences semblent contraster l'unicité de *di* avec la multiplicité des esprits. *Shen* s'applique aux esprits lumineux, aux divinités, aux esprits ancestraux aussi pour autant que ces derniers aient été divinisés. Mais le caractère désigne progressivement les capacités spirituelles, ce qu'on n'arrive pas à saisir, la potentialité présente en l'homme d'arriver à sa réalisation plénière (on trouve clairement ce sens dans le *Huainanzi*, traité encyclopédique rédigé au IIe siècle av. J.-C., notamment en son chapitre VII). S'expliquent ainsi la plasticité et l'extension des sens que le caractère revêtira.

II) Reprise des termes classiques par les monothéismes

A) Juifs en Chine

Peu de témoignages subsistent sur la présence juive en Chine. Probablement arrivée de Perse par les routes terrestres de la soie entre le VIIe et le IXe siècle, la communauté a toujours été réduite en nombre, concentrée surtout à Kaifeng et Hangzhou. Les relations jésuites du XVIIe et du début du XVIIIe siècle, confirmées par d'autres témoignages recueillis au XIXe, permettent d'affirmer que les juifs de Kaifeng utilisaient en chinois le terme de *tian* (et des variantes telles que *shangtian* [上天], le Ciel suprême) pour rendre le tétragramme biblique, et, entre eux, utilisaient le terme *Adonaï* (prononcé localement *Etunoi*). Les « noms divins » semblent avoir été assez variés, même si la plupart étaient des composés fondés sur *tian* (voir le rapport de 1704 du jésuite Paul Gonzani[1]).

---

1. S. Kim, *Strange Names of God. The Missionary Translation of the Divine Name and the Chinese Responses to Matteo Ricci's « Shangti » dans Late Ming China, 1583-1644*, New York, Peter Lang, « Studies in Biblical Literature, 70 », 2004, p. 129-130.

B) Église syriaque

Des moines et marchands dont la langue liturgique était le syriaque et qui étaient sans doute originaires de la région de Mossoul furent les premiers à introduire le christianisme en Chine, durant la dynastie Tang (618-907). Les textes que nous possédons d'eux nous offrent les premières équivalences entre le vocabulaire chinois (taoïste et bouddhiste) d'une part, et les concepts monothéistes et chrétiens de l'autre. Ils témoignent des tâtonnements lexicographiques rencontrés mais aussi de l'inventivité et de l'ampleur des contacts interreligieux des apologistes. Le caractère *fo* 佛 (Bouddha) fait une très brève apparition pour désigner « Dieu » dans ce qui est sans doute l'écrit le plus ancien, vers 635-638[1]. Par la suite, « Dieu » est parfois traduit *tianzun* (天尊), « Vénérable céleste », terme qui est un nom honorifique appliqué tant aux bouddhas qu'aux manifestations du *Dao*. On trouve aussi l'expression « L'Esprit unique » (*yishen* 一神) ou, simplement, « Le Un » (*yi* 一) — cette dernière expression présentant l'avantage d'allier toute la rigueur monothéiste à une riche tradition d'exégèse taoïste. On rencontre aussi l'expression « Ciel unique » (*yitian* 一天). Le terme « Trinité » est traduit par le néologisme « Notre Trois-Un » (*wo san yi* 我三一), qui associe à l'affirmation d'une spécificité confessionnelle celle de la simplicité d'un « universel ». Le début de la stèle de Xi'an (781) identifie le « Trois Un » à 'alla'ha, équivalent syriaque d'*Élohim*, rendu par l'allitération

1. N. Standaert, *Handbook of Christianity in China. Volume One : 635-1800*, Leyde, Brill, 2001, p. 37.

aluohe, l'expression complète utilisée étant celle de « Véritable Seigneur *Élohim* » (*zhenzhu aluohe* 真主阿羅訶)[1]. Notons que le terme « Véritable Seigneur » (*zhenzhu*) sera celui qu'adoptera l'Islam chinois, peut-être dès la même époque, vraisemblablement lors de la dynastie Yuan (voir *E) Islam sinisé*).

C) Missions catholiques

Les écrits de Matteo Ricci montrent un certain pragmatisme dans l'usage des termes trouvés dans les Classiques confucéens : les références à *tian*, *di*, *shangdi* sont mobilisées pour réaliser la concordance entre confucianisme primitif et « théologie naturelle » sur laquelle il entend fonder la prédication chrétienne. Ricci privilégie néanmoins le terme de « Seigneur du Ciel » (*tianzhu*), qui identifie « Dieu » au « Ciel » des Classiques tout en affirmant la nature « personnelle » de la puissance suprême. Le terme *tianzhu* présentait cependant l'inconvénient de pouvoir s'appliquer aussi au maître du Ciel Tushita (*doushuaitian* 兜率天), le Ciel où les bodhisattvas demeurent avant leur réincarnation en qualité de Bouddhas, mais le terme était assez général pour ne pas se trouver restreint à un usage bouddhiste préexistant et assez peu répandu.

On peut donc comprendre le titre du grand dialogue catéchétique de théologie naturelle que Matteo Ricci publie en 1596 (*Tianzhu shiyi* 天主實義) comme signifiant « Le sens réel [du terme]

1. J. O. Zetzsche, *The Bible in China. The History of the Union Version or the Culmination of Protestant Missionary Bible Translation in China*, Sankt Augustin, Monumenta Serica Institute, « Monumenta Serica Monograph Series » n° 45, 1999, p. 84.

“Seigneur du Ciel”. » Dans cet ouvrage, au cours du dialogue que Ricci engage avec un lettré chinois, il fait dire à ce dernier :

> Mes parents m’ont donné ce corps, je leur dois de ce fait piété. Le souverain et ses ministres m’ont donné un champ pour élevage et pâturage, ce qui me permet de respecter mes ainés et élever mes enfants, je leur dois donc hommage. Combien plus doit-on honorer le Seigneur du Ciel, le Très Grand Père-Mère (*dafumu* 大父母), le Très Grand Souverain (*dajun* 大君), celui de qui sortent tous les ancêtres, qui régit tous les souverains, qui fait naître et nourrit toute chose — comment pourrais-je ne pas le reconnaître, le négliger ?

Ce à quoi Ricci répond avec approbation : « La bonté du Père Suprême (*dafu zhi ci* 大父之慈) ne manquera pas de protéger celui qui enseigne et transmet la vraie Voie comme celui qui, l’écoutant, la reçoit[1]. » L’expression *dafumu*, invention lexicale de Ricci (peut-être forgée de concert avec son confrère Michele Ruggieri), rencontrera l’approbation des lettrés chinois convertis. Li Zhizao (1565-1630), dans sa préface au *Sens réel*, en résume ainsi l’enseignement :

> Les gens savent servir leur père et leur mère, mais ils ignorent que le Seigneur du Ciel [*tianzhu*] est le Suprême Père-Mère. Ils savent que le pays a un souverain légitime et ils ne savent pas que le Seigneur qui régit le Ciel est le souverain suprême. Qui ne sert sa parenté ne

---

1. M. Ricci, *Le Sens réel de « Seigneur du Ciel »*, trad. et ann. T. Meynard, Paris, Les Belles Lettres, coll. « Bibliothèque chinoise », 2013, p. 51.

> peut être fils, qui ne reconnaît pas son souverain ne peut avoir un office, qui ne sert le Seigneur du Ciel ne peut être homme[1].

Notons pourtant que Li Zhizao rendra parfois le latin *Deus* par une allitération (*dousi* 陡斯), façon de souligner la nouveauté de la notion (référée bien sûr à son seul emploi chrétien) en contexte chinois. Les deux autres lettrés convertis qu'avec Li Zhizao on appelle communément « les trois piliers » du catholicisme chinois, Yang Tingyun et Xu Guangqi, approuvent et commentent pareillement l'expression *dafumu*. En général, les lettrés convertis font preuve d'un grand pragmatisme terminologique.

Les écrits chinois antichrétiens contesteront les équivalences terminologiques établies, notamment l'assimilation du « Ciel » au Dieu chrétien : la séparation entre le Ciel visible, le « Ciel » principe actif de l'ordre universel, et le Ciel qui juge et rétribue les conduites (lequel serait le seul reconnu par les missionnaires) leur parait contraire à la vénération qu'on doit à la Réalité suprême, laquelle doit rester indivise[2].

D'une certaine façon, le successeur de Ricci à la tête de la mission jésuite de Chine, Niccolò Longobardi, leur donne raison en lançant un débat terminologique qui s'avèrera long et acrimonieux :

1. *Ibid.*, p. 259.

2. Voir J. Gernet, *Chine et christianisme. Action et réaction*, Paris, Gallimard, coll. « Bibliothèque des histoires », 1982 ; S. Kim, *Strange Names of God…*, *op. cit.*, p. 247-265.

> Il y a plus de vingt ans, que le *Xangti* [*shangdi*] de la Chine (terme qui signifie le Roi d'en-haut) commença à me faire quelque peine, parce qu'à mon entrée dans le Royaume, ayant lu selon la coutûme de nostre Compagnie les quatre Livres de Confucius, je remarquay que l'idée que divers Commentateurs donnoient du *Xangti*, estoient opposée à la nature divine[1].

C'est le début de la querelle des termes, d'abord interne à la Compagnie de Jésus (soixante-quatorze conférences internes entre 1603 et 1665). Elle portera aussi sur des concepts tels que : « Esprit saint », « âme », « ange », ou « baptême ». Les lettrés chinois convertis conseillent pourtant unanimement de faire usage des diverses expressions trouvées dans les Classiques, sans s'inquiéter des restrictions ou interprétations apportées par les Commentaires tardifs, souvent inspirés par la métaphysique bouddhiste. Mais la solution finalement retenue institue le terme de *tianzhu* et prohibe l'usage de *tian* et *shangdi*. Elle ne retient cependant pas l'usage exclusif d'un néologisme pour nommer « Dieu », solution réclamée par certains, et, en outre, reconnaît le caractère licite de l'assistance aux rites en l'honneur de Confucius et des ancêtres, une façon indirecte de confirmer un caractère « monothéiste » inscrit dans la tradition chinoise[2].

---

1. N. Longobardi, *Traité sur quelques points de la religion des Chinois*, Paris, Louis Guérin, 1701, p. 1. (Texte disponible sur http://www.chineancienne.fr/17e-18e-s/longobardi-traité-sur-quelques-points-de-la-religion-des-chinois/#tele.)
2. J. Dehergne, « Un problème ardu : le nom de Dieu en chinois », dans *Actes du IIIe Colloque international de sinologie, Chantilly 1980*, Paris, Les Belles Lettres, 1983, p.13-46.

Aujourd'hui, la version catholique autorisée du texte biblique traduit *Élohim* et *theos* par *tianzhu* ; elle rend le tétragramme par l'expression *shangzhu* [上主] (Seigneur, Seigneur d'en haut) à laquelle est accolé *tianzhu* (l'expression complète est donc : *shangzhutianzhu* 上主天主, laquelle imite la structure formelle du tétragramme).

D) Missions protestantes

Pour des raisons qui étaient d'une part de prudence (la Bible est après tout un texte politiquement subversif), mais aussi parce qu'ils préféraient utiliser les Écritures dans un contexte liturgique, les missionnaires catholiques des XVIIe et XVIIIe siècles n'avaient pas publié de traduction complète de la Bible (alors qu'ils avaient reçu une autorisation papale pour ce faire). Les protestants s'atteleront à la tâche dès le tout début du XIXe siècle, et, de ce fait, une nouvelle « querelle des termes » se déclenchera très vite.

Le débat était inextricablement théologique et lexicographique. Fallait-il faire du tétragramme ou bien d'*Élohim* le terme biblique le plus à même d'exprimer l'essence de Dieu ? Et quelles expressions chinoises étaient-elles susceptibles de rendre compte de ces deux termes ? La lecture des textes classiques amène certains missionnaires à soutenir que *shangdi* correspond à l'idée du « Dieu Un », tandis que *shen* couvre la classe des « dieux ». Pour d'autres, à l'inverse, *shen* correspond à la réalité la plus élevée, celle du « spirituel » (la « classe des êtres invisibles » écrira le premier évêque épiscopalien de Shanghai, William Boone) ; il faut donc en faire l'expression de l'Absolu, lors doté en chinois d'un nom qui échappera à toute détermination concrète, ce afin de le distinguer des dieux possédant déjà un nom propre, tel *shangdi*. Au travers de ces querelles terminologiques, le débat était de nature épistémologique : il portait sur le fait de savoir s'il est ou non un terme pour « Dieu » dans toutes les langues, et, plus profondément, si « Dieu » correspond à une idée substantielle et universelle ou bien doit être considéré comme un terme sur lequel les individus et les groupes projettent des construits idéels différenciés[1].

En 1919, l'*Union Version* (*heheben* 和合本) — laquelle inscrira le texte biblique dans le domaine de la prose moderne chinoise — est publiée en deux versions : l'une employant *shangdi*, et l'autre *shen*. Dans cette même version le tétragramme biblique sera traduit par *yehehua* [耶和華], auquel est attaché le suffixe *shen*. Un traducteur émérite, Joseph Schereschewsky — un juif lithuanien qui deviendra l'évêque épiscopalien de Shanghai —, préférait traduire le tétragramme par le simple terme de *zhu* [主] (Seigneur), suivant en cela l'usage de la Septante et de la Vulgate.

E) Islam sinisé

Si des marchands et diplomates musulmans étaient présents en Chine quelques décennies déjà après l'Hégire, ce fut la dynastie mongole des Yuan qui facilita, au XIIIe siècle, l'installation d'une vaste population musulmane originaire de Perse et d'Asie centrale dans plusieurs régions chinoises. L'assimilation de cette population

1. I. Eber, « The Interminable term Question », dans I. Eber, S.-K. Wan et K. Walf (dir.), *Bible in Modern China. The Literary and Intellectual Impact*, Sankt Augustin, Monumenta Serica Institute, « Monumenta serica monograph series, 43 », 1999, p. 135-161, ici p. 151-156.

à une « minorité ethnique » comme le caractère spécifique de l'usage de l'arabe pour la liturgie restreindront d'abord les discussions quant aux meilleures traductions chinoises à adopter pour convoyer les dogmes et concepts de l'Islam, et c'est en 1932 seulement que sera publiée la première traduction chinoise du Coran depuis l'arabe.

Mais plusieurs élaborations théoriques voient le jour aux XVIIe et XVIIIe siècles, dues à des lettrés musulmans ancrés à la fois dans la tradition soufie et dans la culture confucéenne, lettrés qu'on qualifiera de *Huiru* (回儒). Leurs œuvres « sont généralement désignées par les musulmans chinois comme des *Han kitab* (*han kai-ta-bu* 漢凱塔布, c'est-à-dire han 漢, "chinois", et *kai-ta-bu* transcription chinoise de l'ar. *kitāb*, "livres")[1] ». L'un des plus brillants d'entre eux, Liu Zhi 劉智 (vers 1670-1724), écrit notamment un traité, le *Tianfang xingli* (*Nature et Principe dans l'Islam*), enraciné dans la terminologie de l'école néo-confucéenne Song-Ming. Ce traité fut admiré au point qu'il connut une traduction en langue arabe, réalisée par un lettré de la province du Yunnan à la toute fin du XIXe siècle. Tous les noms de Dieu, insiste Liu Zhi, désignent la réalité ultime depuis des points de vue différents. La lecture attentive du traité montre que Liu évite en général de nommer « Dieu », le désignant indirectement par des expressions ancrées dans le lexique chinois classique et néo-confucéen

1. M.-P. Hille, « Les *Han kitab* et le *Xidaotang* : Réception et usage d'une littérature musulmane en chinois à la fin du XIXe siècle à Taozhou (Gansu) », *Études orientales*, 27/28, *Aperçus multiples du monde uyghur*, Paris, L'Harmattan, 2016, p. 307-356, ici p. 307 ; https://hal.archives-ouvertes.fr/hal-01585965.

ayant à voir avec le Un, le Réel, l'Essence originelle, ou encore le Principe et la Fin[1].

L'école des *Ruhui* et le vocabulaire chinois ultérieur désigneront habituellement « Dieu » sous les vocables de *zhenzhu* [真主] (Véritable Seigneur), *zhu* [主] (Seigneur) et, beaucoup plus rarement, *shen* [神]. En revanche, le terme de *tian* ne fonctionne pas comme qualificatif direct du divin, du fait de l'usage islamique de parler conjointement du ciel et de la terre, l'un et l'autre créés par Dieu. (Dans les écrits de Liu Zhi, le terme de *tian* revient néanmoins fréquemment, le thème des « cieux originels », dont l'homme provient, et des « cieux à venir », auxquels il est destiné, jouant un rôle central dans l'exposition de sa pensée.)

1. Voir S. Murata, W. C. Chittick et W. Tu, *The Sage Learning of Liu Zhi : Islamic Thought in Confucian Terms*, Cambridge (MA), Harvard-Yenching Institute Monograph Series, 2009 ; J. D. Frankel, *Rectifying God's Name. Liu Zhi's Confucian Translation of Monotheism and Islamic Law*, Honolulu, University of Hawai'i Press, 2011.

Le nom d'Allah est traduit de deux façons différentes. En tant que « nom propre » de Dieu, il fait l'objet dans certaines traductions d'une allitération (*anla* 安啦 ou *anlahu* 安啦呼). En tant qu'il désigne Dieu dans son ineffabilité, il est traduit préférentiellement par *zhenzhu* (Véritable Seigneur)[1], terme devenu aujourd'hui un marqueur de l'Islam chinois.

1. J. Wang, *Glossary of Chinese Islamic Terms*, Richmond, Curzon, 2001.

Que révèle du tétragramme, que révèle du nom d'Allah, la manière dont les Chinois le traduisent — ou plutôt dont ils sont traduits en chinois ? Benoît Vermander nous offre avec cette question des traductions en chinois une leçon d'histoire en même temps qu'une leçon de religion comparée, qui ouvre sur un ailleurs.

3. Exposer la traduction

L'hétérogénéité du rapport à la traduction

Pour communiquer ces recherches et les rendre sensibles, nous avons recours à des expositions. Toute une partie de l'exposition « Après Babel, traduire » (13 décembre 2016-20 mars 2017, Mucem) était ainsi consacrée à « Traduire la parole de Dieu[1] ? ».

Rien qu'à regarder les manuscrits et les éditions, à la toute première vue, on saisit la manière singulière dont

1. Voir les catalogues *Après Babel, traduire*, Actes Sud/Mucem, 2016, p. 150-189, et *Les Routes de la traduction. Babel à Genève*, Gallimard/Fondation Bodmer, 2017, p. 194-238. Voir aussi A. Berthier et A. Zali, *Livres de parole, Torah, Bible, Coran*, BNF, 2005.

chacun des trois monothéismes se rapporte à la traduction. Entre interdit et prosélytisme, les textes des trois religions révélées, Torah, Bible et Coran, entretiennent en effet avec la traduction un rapport, historique et philosophique, très différent.

À travers la tradition juive et son foisonnement herméneutique, on perçoit l'émergence de la notion même de traduction[1]. Ainsi, le manuscrit du Pentateuque ici reproduit, daté du XVe siècle, comporte le texte hébreu au centre de la page. Il est entouré, comme presque toujours, du *targum*, à savoir sa traduction dans la *lingua franca* qu'est l'araméen (la langue que parlait Jésus), qui constitue une première exégèse à la charnière de la loi écrite et de la loi orale. À quoi s'ajoute, comme souvent, un commentaire dans les marges extérieures, ici celui de Rashi, fait au XIe siècle. La traduction-transmission-interprétation enveloppe le noyau textuel et fait corps avec lui. De plus, à en croire la célèbre lettre d'Aristée,

1. Le grec *hermeneia*, qui sera finalement choisi pour dire l'acte de traduire, signifie d'abord l'explicitation du fonctionnement de la langue, comme en témoigne le titre du traité aristotélicien *peri hermeneias*, rendu en latin par *De interpretatione.* Voir l'entrée « Traduire », *Vocabulaire européen des philosophies. Dictionnaire des intraduisibles, op. cit.*, p. 1305-1320.

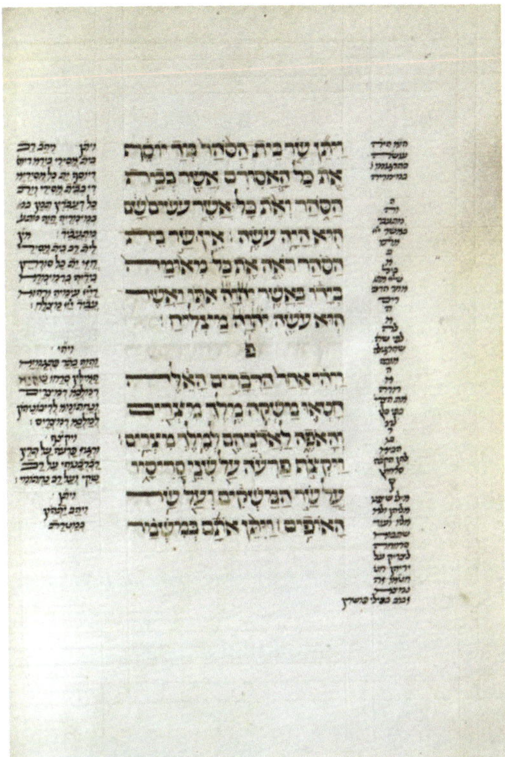

ויתן שר בית הסהר ביד יוסף
את כל האסרים אשר בבית
הסהר ואת כל אשר עשים שם
הוא היה עשה׃ אין שר בית
הסהר ראה את כל מאומה
בידו באשר יהוה אתו ואשר
הוא עשה יהוה מצליח׃
פ
ויהי אחר הדברים האלה
חטאו משקה מלך מצרים
והאפה לאדניהם למלך מצרים׃
ויקצף פרעה על שני סריסיו
על שר המשקים ועל שר
האופים׃ ויתן אתם במשמר

Bible Ancien Testament, Pentateuque avec le targum d'Onkelos et commentaires de Salomon ben Isaac de Troyes, dit Rashi, XVᵉ siècle, manuscrit, Paris, Bibliothèque nationale de France, département des manuscrits.

c'est à la demande expresse du grand prêtre de Jérusalem s'adressant à Ptolémée II Philadelphe que la Bible hébraïque est traduite en grec au IIIe siècle avant J.-C., par les soixante-dix ou soixante-douze sages qui sont dits traduire chacun isolément mais tous de la même manière au mot près, fabriquant ainsi ce qu'on connaît sous le nom de Septante. Le rapport à la lettre et à la traduction comme interprétation, « herméneutique » dans tous les sens du terme, fait partie de la tradition juive.

La Bible chrétienne, quant à elle, se déploie en langue latine dans le temps long de son hégémonie linguistique. Jésus parle araméen, l'apôtre Paul s'exprime en grec ; la chrétienté, se déplaçant vers l'Ouest et vers Rome, adopte le latin. Le pape Damase commande à Jérôme, né à Stridon dans l'actuelle Croatie en 342, une traduction de référence. Jérôme parfait sa connaissance du grec, apprend l'hébreu, et consacre une trentaine d'années à traduire l'Ancien et le Nouveau Testament : la Vulgate fait oublier que le latin est une langue étrangère à la révélation. Le concile de Trente, en 1546, stipulera que c'est le seul texte fiable pour la foi des catholiques, et c'est aussi le premier livre qu'imprimera Gutenberg en 1455.

Le latin fait désormais foi, comme en témoigne la Bible polyglotte d'Alcalá, éditée par l'archevêque de Tolède (six volumes, entre 1514 et 1517). Cet ouvrage est un chef-d'œuvre d'érudition comparative. Au centre, le latin de la

Vulgate, flanqué du texte grec de la Septante dans la marge intérieure, imprimé là pour la première fois, et de l'original hébreu pour les quatre volumes de l'AT, dans la marge extérieure. Chaque terme grec est surmonté de sa traduction latine, chaque terme hébreu est surmonté de minuscules qui renvoient au texte latin. Dans la marge extérieure figure aussi la racine des termes hébreux composés, et en marge basse du premier volume, le targum d'Onkelos, appelé « traduction chaldéenne ». Mais ce chef-d'œuvre est, ô combien, orienté : dans la présentation qui ouvre l'ensemble, le cardinal Francisco Jiménez de Cisneros explique les trois colonnes parallèles : au centre, le Christ, à savoir le latin ; de part et d'autre, les deux larrons, l'hébreu (à droite, en bon larron) et le grec (à gauche)…

La traduction de la Bible est lourde d'histoire, déterminante pour les guerres de Religion, déterminante pour l'existence des langues vernaculaires. À partir de quel texte « biblique » traduit-on ? Et en quelles langues le traduit-on ? Lefèvre d'Étaples traduit en français depuis la Vulgate, avec quelques corrections (le Nouveau Testament en 1523 ; la Bible complète en 1530). Au même moment, Olivetan publie la sienne pour les réformés à Neuchâtel « directement » à partir de l'hébreu et du grec (1535). Traduire la Bible, c'est rien moins que faire exister une langue, peut-être une nation, et cela vaut sans

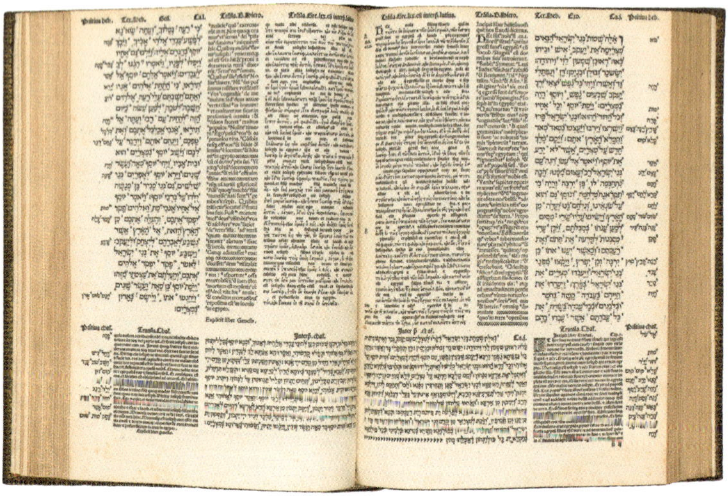

Cardinal Francisco Jiménez de Cisneros, *Bible polyglotte d'Alcalá*, *Vetus Testamentum multiplici lingua nunc orimo impressum* […], 1514-1517, Paris, Bibliothèque nationale de France, bibliothèque de l'Arsenal

doute jusqu'à aujourd'hui. Luther la « met en allemand » (*verdeutschen*), dans cet allemand que parlent la mère de famille, l'enfant et l'homme au marché. Quand on traduit, un mot peut révolutionner, un mot peut tuer. Un exemple suffit : « L'homme est justifié par la foi *seule*, sans les œuvres de la loi » (Rm 3,28). À cause notamment de ce « seule », auquel, prétend-il, le phrasé allemand l'a contraint, Luther sera excommunié. Tyndale en Angleterre sera brûlé.

La Bible est traduite dans toutes les langues du monde ou presque, et elle a contribué à en fixer un grand nombre ainsi que leurs alphabets, à commencer par le cyrillique.

On trouve bien sûr aussi le Coran dans un très grand nombre de langues, mais son rapport à l'arabe, sa langue d'origine, est fondamentalement différent. Car le Coran ne se traduit pas : ce qu'on traduit, c'est « le sens du Coran », comme il est indiqué dans les pages de titre. C'est en arabe que, comme dit le Coran lui-même en parlant de lui-même, Gabriel s'est adressé au prophète encore illettré. C'est en arabe que le texte doit être psalmodié et récité sans erreur, c'est cette langue qui se fera calligraphie et fondera une esthétique. Le Coran doit demeurer pour tous ses usages liturgiques dans sa langue de révélation, comme telle « inimitable », « insupérable » (*i'jâz*) traduit-on parfois.

C'est de cette intimité unique, de cette connaturalité avec la langue arabe, que témoignent les premières traductions intralinéaires. Car justement elles ne sont pas des traductions : elles se contentent de poser un mot sous un mot, sans faire phrase ni syntaxe, elles indiquent le sens, mais ne traduisent pas.

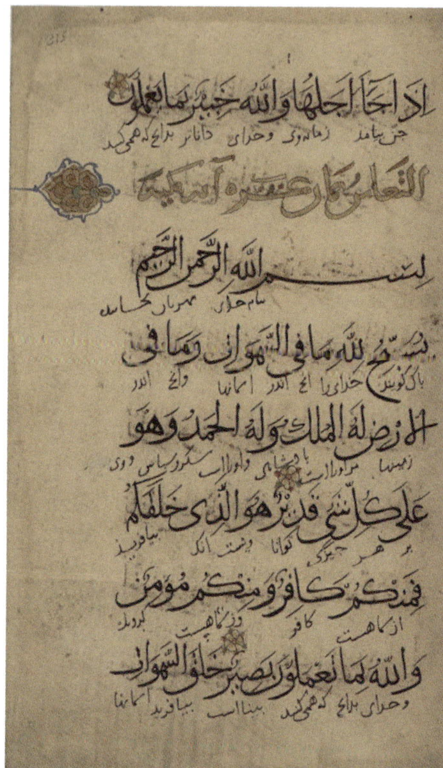

Deuxième moitié du Coran, avec traduction interlinéaire en persan / Iran par Gut Ladira Valette, VIIIe-XIVe siècles, 32,2 x 19 cm, Paris, Bibliothèque nationale de France, département des manuscrits

L'exploitation des équivoques

Ces expositions ont aussi permis de matérialiser l'incroyable pouvoir des ambigüités et des équivoques, et la violence avec laquelle elles ont été et sont encore exploitables, sur tous les plans et pas seulement celui du dogme. Prenons deux exemples, dont l'importance politique et sociale ne peut plus échapper à personne quand l'art en fait la démonstration. Le premier met en jeu le rapport à l'antisémitisme. Le second au machisme.

De Moïse, il est dit en hébreu que la peau de son visage *karan* (Ex 34 ; 29 ; 30 ; 35). Or *karan*, « rayonner » et *keren*, « corne » s'écrivent avec les trois mêmes consonnes. La traduction grecque de la Septante parle de « la vision glorieuse de l'éclat de son visage[1] ». Jérôme traduit : *cornuta esset facies sua* : « sa face », « son aspect était cornu ». Que veut dire l'hébreu ? On comprend parfois que Moïse, après quarante jours de jeûne et de soleil, avait la peau du visage dure comme de la corne, cornée, raccornie. Ou que son visage rayonnait de la lumière divine, trop forte pour

1. La phrase grecque n'est pas si facile : *en dedoxasmenê hê opsis tou khrômatos tou prosôpou autou.*

Moïse *karan*, « cornu » ou « rayonnant » ?

Michel-Ange, *Moïse*, XIXe siècle, copie, plâtre, 58,5 x 25,5 x 24 cm, Musée Gustave Moreau

Domenico Cunego, *Moïse*, eau forte, 90,1 x 63 cm, Rome, 1773

un visage d'homme, et si forte qu'il devait la voiler pour se montrer aux autres. Mais *keren* et *cornuta* peuvent-ils être compris comme « cornu, doté de cornes » ? Comme parfois Zeus, ou comme certains fleuves ? Mais comme le diable aussi ! C'est cornu, et maléfique, qu'il apparaît sur le frontispice de la Bible de Luther. C'est cornu, et majestueux, que Michel-Ange le sculpte. C'est irradiant deux trajets de lumière que Domenico Cunego le dessine. À voir cela, on saisit l'éventail des sens et la raison de leur choix.

Pour parler de la création de la femme, de la première femme, Ève, et de la manière dont elle a surgi, l'hébreu utilise le mot *tzela*. On le traduit par « côte », et les images pieuses comme celle, magnifique, de la Bible de Souvigny, la représentent en train de sortir de la côte d'Adam encore endormi, tirée par la main de Dieu qui l'extrait de l'homme. Mais partout ailleurs dans la Bible, le même terme hébreu est traduit par « côté » (ainsi dans Ex 26,20, il définit les « côtés » du tabernacle). Et la Genèse raconte une autre histoire : « masculin et féminin il les créa » (Gn 1) : Adam est plongé dans la torpeur et Ève s'éveille « à son côté ». C'est ainsi qu'Auguste Rodin choisit de les montrer, côte à côte, dans la main de Dieu. Alors ? La femelle est-elle un bout d'homme, un objet partiel et parcellaire ? Ou un sujet d'égale dignité à côté d'un autre sujet, chacun défini par, en même temps que, et avec l'autre ? Ces textes ont été traduits, c'est-à-dire interprétés, à travers les siècles plutôt par des hommes que par des femmes, et le statut de la femme y est tributaire de toute une culture et de toute une société dont il dépend et qu'il conforte à la fois. Or, voici que cela se voit !

Ève, « tirée de la côte d'Adam » ou « à côté d'Adam » ?

Bible de Souvigny, La Genèse, XIIe siècle, Bibliothèque municipale de Moulins

Auguste Rodin, *La main de Dieu, la création*, 1902, 94 x 82, 5 x 54,9, Musée Rodin

Conclusion

Traduire est politique

Le « transfert des études »[1] a constitué notre point de départ, avec les *bayt al-hikma* du monde arabo-musulman. « Transfert » aux deux sens indissolublement liés : le sens de « trajet » des savoirs qui se déplacent, se transmettent, se transforment du monde grec vers Rome, puis de Rome vers le monde chrétien, mais aussi qui passent d'une rive de la Méditerranée à l'autre, du monde grec au monde arabe avant de revenir vers l'Occident et l'Europe. Et le sens de « traduction », qui mène d'une langue à l'autre, du grec au latin, mais aussi, via le perse et le syriaque, du grec à l'arabe, et de l'arabe au latin et aux vernaculaires naissants[2]. Changements de lieux et de langues parce que

1. En latin, *translatio studiorum* ou *translatio studii*, un thème essentiel de la pensée médiévale.

2. On comprendra mieux l'omniprésence et la complexité de la *translatio* en suivant le lien https://routes-traductions.huma-num.fr, qui, à l'occasion de l'exposition *Après Babel, traduire*, a fait notamment

transfert de pouvoir[1], changement d'empire et passage d'une domination à une autre. D'emblée, la traduction comme appropriation-acculturation-réinvention-métissage de savoirs et d'imaginaires est un acte politique qui implique un pouvoir, du pouvoir. Traduire, c'est faire sien, manifester sa puissance, et se donner la possibilité de poursuivre « sur les épaules de », comme dit Google.

Nous savons que traduire est politique et nous l'oublions.

Qu'en est-il ici et maintenant ? L'Europe hérite de plusieurs modèles bien distincts. Le modèle grec : la langue grecque seule méritait vraiment le nom de *logos, ratio et oratio*, « raison et discours » comme ont traduit les Latins en un jeu de mots inimitable. Les Grecs seuls auraient vraiment parlé, les autres, les « barbares », faisaient seulement du bruit avec leur bouche, une onomatopée inintelligible qui servit à les nommer, comme « blablabla » ou « berbère ». Inutile de traduire, le mot n'existe même pas vraiment en grec : le terme *hermeneia*, auquel on a recours

---

le point sur les trajets des œuvres d'Aristote, Euclide, Ptolémée, Galien — ainsi que sur *les Mille et une Nuits*, Marx et Tintin.

1. En latin, *translatio imperii.*

désigne d'abord une explicitation, une « interprétation » philosophique de la langue et des phrases.

En revanche, dans l'immense Empire romain, le citoyen avait plutôt quelque chose comme trois langues à disposition. La langue politique, la même pour tous, à savoir le latin ; la langue de culture, c'est-à-dire le grec ; et, pour chacun, sa propre langue maternelle. Un peu ce que voudrait l'Europe après tout, où la stratégie dite de Lisbonne prône un 2 + 1 : l'anglais pour communiquer, la langue maternelle de chacun, plus une « langue maternelle adoptive », langue de choix culturel et d'affinité élective.

À ceci près que, facc aux 24 ou 25 langues de l'Union (selon que l'on compte ou non l'irlandais) et aux 3 langues de travail (l'anglais, le français et l'allemand), la seule certitude pratique, utile, économique, semble être aujourd'hui cette *lingua franca* qu'est le *globish* ou *global english*. Bien sûr, il y a toujours eu des langues de communication, et le monde, occidental du moins, en a plusieurs fois changé — grec, latin, français au temps des « Lumières », anglais aujourd'hui ; et la *lingua franca* fonctionne le plus souvent avec des langues simplifiées, la *koinê* grecque, le bas-latin, le *globish*...

Mais, bien sûr aussi, la langue est autre chose qu'un moyen de communiquer, chacune est liée à une certaine histoire et vision du monde : la diversité des langues de culture est bel et bien l'une des caractéristiques essentielles que l'Europe met en avant pour se définir elle-même comme « unie dans la diversité ».

C'est pourquoi le *Dictionnaire des intraduisibles* s'est fabriqué comme un livre politique, logé entre deux refus : celui du *globish* et celui du « nationalisme ontologique ». Le *globish* fait que toutes les langues que nous parlons, leurs auteurs et leurs textes, deviennent *paroichial*, « paroissiales » : ce ne sont plus que des dialectes à préserver par souci écologique, comme des espèces menacées, tandis que le *globish* règne en idiolecte généralisé des « soumissions » et en novlangue d'évaluation, maternelle de personne mais ouvrant à subventions. L'autre danger, l'autre refus, symétrique, est celui d'une hiérarchie des langues, telle que la plus « géniale », la plus « authentique », écrase et domine les autres, en tant que liée à un peuple, une race, une humanité supérieure, ancrée dans un nouveau *logos* qui prétend à l'universel — la langue française avec Rivarol, ou le grec et l'allemand avec Heidegger[1].

1. Martin Heidegger : « La langue grecque est philosophique, autrement dit [...] elle philosophait elle-même déjà en tant que langue et que configuration de langue. Et autant vaut de toute langue authentique, naturellement à des degrés divers. Ce degré se mesure à

De fait, la langue de l'Europe, disait Umberto Eco, c'est la traduction. Une bonne manière de préserver le *simul et singulis*, tous ensemble et chacun séparément, qui doit faire l'union dans la diversité. Nous voilà de retour aux Maisons de la sagesse-Traduire, aux *bayt al- hikma* et aux centres de traduction.

Soit, mais quel est exactement aujourd'hui le lien entre traduction et pouvoir ? Qu'en est-il du transfert des savoirs, quel type de savoir transmet-on ? Et où en sommes-nous du transfert de pouvoir ? Il semble aller de soi que, puissance américaine et capitalisme mondialisé aidant, la langue de pouvoir soit l'anglais ou plus exactement son avatar global. Mais quels savoirs et quels

la profondeur et à la puissance de l'existence d'un peuple et d'une race qui parle la langue et existe en elle. Ce caractère de profondeur et de créativité philosophique de la langue grecque, nous ne le retrouvons que dans notre langue allemande. » (*De l'essence de la liberté humaine, Introduction à la philosophie* [1930], tr. E. Martineau, Gallimard, 1987, p. 57s). Antoine de Rivarol : « Puisqu'il faut le dire, elle [la langue française] est de toutes les langues la seule qui ait une probité attachée à son génie. Sûre, sociale, raisonnable, ce n'est plus la langue française, c'est la langue humaine. » (*Discours sur l'universalité de la langue française* [1784], dans *Pensées diverses*, Desjonquères, 1998, p. 134.)

pouvoirs sommes-nous finalement en train de négliger ? De quoi ne tenons-nous pas compte, sur quoi pourtant les dispositifs des Maisons de la sagesse-Traduire pourraient nous alerter ?

Oui, le monde est en train de changer, il a changé. La dimension globale s'impose, comme déjà dans le monde grec ou latin qui pensaient « terre habitée » et « orbe terrestre », mais le monde habité, la planète terre, sont éclatés. C'est à la fois plus global et plus éclaté que jamais : « glocal », dit un nouveau mot valise. Les objets sont plus que jamais migrateurs, et parmi eux les hommes, les cultures et les langues. Que se passerait-il si nous en tenions vraiment compte comme d'un fait marquant l'époque, différent des antiques migrations humaines et des colonialismes en tous genres ? Comment définir le nouvel âge de transfert traductif que nous sommes en train de vivre ?

Plutôt qu'un passage d'un empire à un autre et d'une langue à une autre, quels que soient les enchevêtrements, on serait heureux de pouvoir dire qu'il y va d'une conscience plus aiguë de la connexion et de la réciprocité.

La réciproque qu'implique la notion d'hospitalité, hôte accueillant et hôte accueilli, est devenue, presque, un lieu commun. Tant mieux ! Que cette réciproque fonctionne comme la traduction, voire se confonde avec elle, commence aussi à devenir clair. On commence à comprendre que le dispositif « entre et avec » transforme et enrichit chacun des protagonistes. L'original essaie de ressembler à sa traduction, écrivait Borgès, jamais avare d'un paradoxe réaliste. Les deux côtés s'enrichissent dès que l'on consent à s'arrêter, à s'étonner, à prendre le temps, c'est là ce qu'il faut souligner. S'enrichissent, dans tous les sens du terme, y compris économique, puisque que la traduction manifeste et signe le pouvoir.

À ceci près qu'à présent il n'y a plus de voie royale et de sens unique. Il y a plus d'un trajet, plus d'une manière de translater, les savoirs migrent de manière bien plus erratiquement complexe. La langue qui traduit gagne, et gagne en pouvoir. C'est vrai de l'anglais, langue « hypercentrale », pour reprendre le terme de Louis-Jean Calvet, langue-cible vers laquelle un texte doit être traduit pour exister, alors qu'elle-même n'a pas besoin d'être traduite. Mais c'est vrai, très autrement et fondamentalement vrai, des langues qui traduisent ces autres textes non comptés et non comptabilisés, comme les questionnaires dont nous nous occupons avec les glossaires de l'administration française. Notre langue et notre culture apprennent ainsi d'autres mondes et d'autres horizons qui nous font comprendre les nôtres. Traduire est politique parce que c'est une interaction qui donne prise sur ce qui est traduit, en même temps qu'elle contraint à prendre du recul et à se comprendre soi-même — comme une langue, une culture, une manière de vivre, une parmi d'autres, à protéger et à élargir : à poursuivre.

Ces textes minuscules, avec les mots de l'administration, de la santé, de la ville, minuscules comme les « vies minuscules » de Pierre Michon, sont ceux qui nous permettent d'appréhender sur quel socle repose ce qui va pour nous de soi. Chercher à les traduire et à les faire comprendre nous redonne la possibilité d'agir sur nous-mêmes. L'*empowerment* (s'il est un mot qui aurait dû figurer dans le premier *Dictionnaire des intraduisibles* en français, c'est bien celui-là...) est réciproque. Réjouissons-nous de ne pas savoir comment rendre immédiatement ce qui fait une identité, une date de naissance, un conjoint, une adresse, un métier. Un certain nombre de choses importantes, pratiques, politiques, réelles, des choses qui feront les dates de la grande histoire, « illustrent » comme disait du Bellay, c'est-à-dire font exister la langue qui traduit et la langue qui est traduite. Notre rapport à l'Afrique, notre rapport à la Chine peuvent en être changés.

Autrement dit, avec les traductions minuscules, il y va bel et bien de la *translatio imperii*. Une interaction et une réciprocité plutôt qu'un courant et un flux unidirectionnels. Nous gagnons en puissance quand nous traduisons et stationnons entre et avec, dans les hiatus et les gaps.

Il faut sans doute ajouter que, dans ce transfert traductif, se niche aujourd'hui un transfert de souffrance : mémoire des traumatismes et des douleurs qui se transmettent de génération en génération, se constituent en récits, mémoire de l'esclavage, des humiliations, des persécutions qui perdurent dans la constitution des identités. Nos traducteurs sont enfants de migrants ; ils ont aidé leurs parents à remplir « les papiers », ils ont endossé les doutes, les hontes de ne pas savoir, les silences. Ils ont ressenti l'importance du manque, la présence de l'absence des objets spoliés ou détruits dont on continue de pleurer la perte. Quelque chose est soigné grâce à la traduction. Traduire et être traduit, c'est soigner.

C'est soigner aussi, tout simplement, parce que c'est inventer ensemble, mettre en œuvre une participation improbable au cœur de l'identité de chacun. Il faut agir ici et maintenant dans la vraie vie : au sein de la société civile. Car on dirait bien que c'est là, dans ce qu'on nomme d'un terme qui ressemble fort à un pléonasme, la « société civile », que s'est transférée une partie du pouvoir. Dans notre monde de socio-citoyens, le social, le culturel et même l'économique courent plus vite que le politique. Le risque est d'égrener sans les articuler des projets qui s'inventent chaque jour, des savoir-faire, des talents. Mais c'est la réciproque, qui détermine jusque dans le minuscule la pratique dans sa nouveauté, son antique nouveauté. Car les gestes hospitaliers ne sont pas que les nôtres. Ils se font avec les autres, tous les autres. Un glossaire, une banque culturelle, un dictionnaire des intraduisibles, cela se fait en commun, avec réciprocités intellectuelles et pratiques, ou cela ne se fait pas.

Traducteur-passeur, traducteur philosophe, ethnologue, sociologue, historien, linguiste, politique, psychologue et psychanalyste, traducteur enseignant et traducteur élève, traducteur-migrant réinventeur de chacune de ces disciplines : le traducteur ne peut pas être « Personne ».

Table des matières

Remerciements 7

Présentation
Savoir faire avec les différences : entre et avec 9

Première partie
Maisons de la sagesse, le retour !

1. De l'utopie à la résilience 21
Un historique fantasmé 21
La sagesse de traduire 29

2. Un Bandung de la traduction 44
Après Bandung 45
Miisee ou *resorde pinal ?* 52
Les « trois i » et la restitution 60

Deuxième partie
Glossaires bilingues et hospitalité langagière

1. Changer le paradigme du traducteur.................. 81

« Bonjour ».. 81

Quand « recherche participative » veut vraiment dire quelque chose........................ 84

De l'interprète au passeur.................................. 89

2. « Acte » en langues.. 91

En arabe.. 93

En persan... 96

En russe.. 100

En soninké.. 103

3. Chemin faisant.. 108

Du papier au numérique et à l'audiovisuel...................... 108

Les mots de la santé... 113

Les mots des repères spatiaux et de la mobilité................. 115

Troisième partie
Les banques culturelles

1. Pour un réseau international de banques culturelles et solidaires..................... 121

2. Les banques culturelles africaines 124

Les trois composantes d'une banque culturelle 126

La gouvernance d'une banque culturelle 131

Deux exemples : en pays dogon, en pays taneka 134

Un dispositif qui n'a pas essaimé 141

3. Polliniser la relation culture-économie 144

Ni tout à fait une banque… 144

… ni tout à fait un musée 147

4. Traduire les banques culturelles en français : un travail Sud-Nord 151

Le Lego de base 151

Des expériences, des parrains, des blocages, des inventions 152

Réinventer la valeur 161

Réseau international des banques culturelles : ralentir, travaux ! 167

Quatrième partie
Les intraduisibles des trois monothéismes

1. Du symptôme comme méthode 173

Les entrées : équivoques, hapax et réseaux 175

Physionomie d'une entrée 180

2. Comment dit-on Dieu ? Un travail en cours….. 182
Les noms de Dieu en hébreu 187
Dire Dieu dans le Coran 194
Dire le Dieu unique en chinois 200

3. Exposer la traduction 213
L'hétérogénéité du rapport à la traduction 213
L'exploitation des équivoques 221

Conclusion
Traduire est politique 225

Crédits photographiques

p. 135 : © Fondation Chirac - Banque culturelle Mali • p. 155 : DR • p. 215 : © BNF • p. 218 : © Sotheby's • p. 220 : © BNF • p. 222 : (haut) © J. Bittner Unna ; (bas) © Istituto centrale per la grafica • p. 224 : (haut) © Bibliothèque municipale de Moulins ; (bas) © © Metropolitan Museum of Art.

https://maisonsdelasagessetraduire.eu/
lassociation-maisons-de-la-sagesse-traduire/

Achevé d'imprimé en Slovénie en mars 2021
Dépôt légal : avril 2021
N° d'impression :